やさしい教育心理学
第5版

鎌原雅彦・竹綱誠一郎 [著]

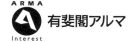

●第 5 版によせて

　公認心理師法が 2017 年に施行され，国家資格としての公認心理師制度が始まりました。そのため 2018 年度から多くの大学で公認心理師試験を受験するためのカリキュラムがスタートし，公認心理師となるために必要な科目に，教育・学校心理学が含まれることとなりました。

　本書は教職課程の教育心理学のテキストとしてつくられましたが，公認心理師のための教育・学校心理学を考慮し，新たな項目の追加や修正を行いました。同時に不登校やいじめの態様のデータを刷新し，参考図書についても追加，差し替えを行いました。今回の改訂により，本書がより有用なテキストになれば幸いです。

　このたびの改訂に際しては，有斐閣書籍編集第 2 部の渡辺晃さん，中村さやかさんに大変お世話になりました。あらためて心より感謝いたします。

　　　　2019 年 10 月

鎌原　雅彦
竹綱誠一郎

●第4版によせて

　発達障害を含めた精神障害の診断基準として，20年近くにわたり広く使われてきた米国精神医学会による診断・統計マニュアルのDSM-IVが改訂され第5版（DSM-5）となり，その日本語版も2014年に出版されました。発達障害は医学的概念であるとともに福祉的概念でもありますが，DSMの改訂に伴い発達障害についての記述を一部見直し，必要と思われる改訂を行いました。同時にいじめや不登校等の統計資料を刷新しました。またあらためて全体の記述を見直し誤りを訂正するとともに，よりわかりやすい記述となるよう修正しました。今回の改訂に際しても有斐閣書籍編集第2部中村さやかさんには，修正についての助言をいただくなど大変お世話になりました。あらためてここに記して感謝の意を表します。

　　2015年7月

　　　　　　　　　　　　　　　　　　　　　　　　鎌原　雅彦
　　　　　　　　　　　　　　　　　　　　　　　　竹綱誠一郎

●第3版によせて

　本書の改訂版も幸いにも多くの方々にテキストとして御利用いただきましたが，同時に発達障害に関する記述があるとよいとの声も寄せられました。そこで今回新たに第11章として発達障害に関する章を追加することとしました。本書は教育心理学の基本的な知見を紹介しているものですが，発達障害は心理学的概念というより，医学的あるいは福祉的な概念であり，この章では発達障害とはどのようなものかについて概説しています。心理学的な研究の例については，コラムで紹介しました。カウンセリングの章の内容は，教職課程の科目では「教育相談」に関連するものですが，本書が教育心理学の入門書であることを考慮し，簡略化して第12章としました。またコラムについても全体的に見直しを行い，削除，差し替え，新たにコラムを追加するなどの改訂を行いました。参考図書についても，差し替えや追加をしました。今回の改訂によって，本書がよりテキストとして使いやすいものになれば幸いです。

　今回の改訂では有斐閣書籍編集第2部中村さやかさんに大変お世話になりました。本書の記述のわかりにくい点などについて，細かく丁寧に指摘していただくとともに，修正について多くの助言をいただきました。また新たな図版等については，これまでと同じく田中あゆみさんに作成していただきました。あらためて心より感謝いたします。

　　　2012年1月

鎌原　雅彦
竹綱誠一郎

●改訂版によせて

　本書『やさしい教育心理学』の初版は，幸いにも多くの方々に御好評をいただき，テキストとしても大学，短期大学，専門学校等で御利用いただくことができました。「読みやすく，わかりやすく」という本書の基本的な姿勢に対して一定の評価をしていただいたものと思います。しかしながら初版刊行より数年が経過し，たとえば「いじめ」や「不登校」等に関する統計資料の類は，現状にそぐわないものとなっていました。そこで統計資料を刷新するとともに関連する内容を改訂したいとの希望を出版社にお伝えしたところ，快くこの提案を受け入れていただきました。改訂にあたっては，統計資料を改め，関連する内容を書き換えるとともに，内容をよりわかりやすくすることを主眼に加筆，修正を行いました。また図版についても同様の趣旨から改訂，追加を行いました。さらに近年教育現場でも話題になることの多い「自己効力」，「自己調整」などいくつかの事項について加筆，追加し，コラムも追加しました。これらの改訂によりテキストとしてより使いやすいものとなったのではないかと考えています。またこの改訂版も旧版以上に教育心理学に興味をもっておられる一般の方々にも広くお読みいただければ幸いです。

　最後になりましたが，今回の改訂にあたって，有斐閣書籍編集第二部の櫻井堂雄さん，中村さやかさんに大変お世話になりました。本書がより読みやすいものとなったとすれば，それはお二人のお力によるところ大です。また新井宣叔さんには旧版同様，今回もいろいろとご助言いただきました。グラフや図版等について

は，旧版同様田中あゆみさんに作成していただきました。これらの図版が本書をより親しみやすいものにしているのではないかと思います。ここに記して，感謝いたします。

　2005 年 3 月

鎌原　雅彦
竹綱誠一郎

●はじめに

　この本は，教職課程の教育心理学のテキストとしてつくられています。受講生のみなさんの中には，教育心理学の授業ではじめて心理学に接するという人も多いと思います。近ごろマスメディアで教育の問題に関連して，心理学が話題になることが多くなっていますが，高校までの学校の授業で心理学が扱われることはほとんどありません。本書は，はじめて心理学を学ぶみなさんに，教育心理学の基本的知見を整理し，またその背後にある心理学的なものの見方，考え方をわかりやすく伝えることを意図して書かれています。教職課程のコースを取っていなくても，教育心理学や心理学に関心のある人には適したものになったと考えています。このような意味で，教育心理学に興味をもっている高校生や現職の先生方，子どもの教育に関心をもつ方々などに広く読んでいただければ幸いです。

　このテキストは読みやすく，わかりやすく書くことを心がけました。実際の講義によって補足されることを前提として多くの資料や情報を圧縮して記述するのではなく，心理学についての予備知識のない人も，本書を読むだけで理解できるよう，教育心理学のごく基本的な事項と考えられるものだけに限って丁寧に記述しました。そのために，比較的新しい研究や情報を十分に扱うことができませんでしたが，数多くのコラムを配することによって，この点を補いました。コラムでは，具体的な実験や調査研究も紹介しており，教育心理学の実際の研究方法を知るうえでも役に立つと思います。また研究結果や知見を紹介する際に，多くの図表

を用いました。視覚的な情報が，みなさんの理解を助けてくれるものと思います。さらに簡単にできる実習的な課題もいくつかあげてあります。実際に自分自身で課題を行うことにより，理解が深まることでしょう。

　この本は 11 章から構成されていますが，1 章〜4 章，5 章〜7 章，8 章〜10 章，および 11 章の 4 つの部分からなっています。1 章から 4 章は，広く学ぶことを内容としています。1，2 章は認知心理学の側面から学ぶことをとらえたもので，記憶や知識・問題解決を扱っています。3 章は，行動の面から学ぶことを扱っており，伝統的に学習心理学と呼ばれている領域です。さらに 4 章は，学ぶことへの意欲について述べています。これらの章では認知心理学や学習心理学の基本的な理論を紹介し，それぞれの教育実践との関わりにもふれています。5 章から 7 章は，学校場面でのより実践的な問題を扱っています。5 章では学級内の人間関係，6 章では学習指導の方法，7 章では教育評価について，教育心理学の視点からまとめています。8 章から 10 章は発達の問題を扱っています。8 章では人間の発達全般について，9 章では知的発達，10 章では人格発達について，それぞれ述べています。さらに 11 章では，カウンセリングに関していくつかの理論的な考え方を紹介しました。11 章は，他の章と独立しているわけではありません。学業不振や友人関係の悩みなどの解決にカウンセリングが必要な場合があるわけですから，この章はすべての章と関連しているといえます。近年教育場面でのさまざまな問題に関連して，心理学への期待がたかまっています。こうしたさまざまな問題は，当然心理学だけによって解決される問題ではありませんし，教育心理学の基本的な知見は，そうした問題への即効性のある処方箋を描

いているわけでもありません。しかしながら教育心理学を学ぶことによって，皆さん自身が教育の現状を考えるうえでの，新たな視点を得られることを願っています。

　最後になりましたが，有斐閣書籍編集第二部の新井宣叔さんには，企画の段階から完成に至るまで，つねに忍耐強い励ましと的確なアドバイスをいただきました。また，制作過程においてとりわけ図版の作成等で田中あゆみさんに大変お世話になりました。ここに記して，感謝いたします。さらに各章の扉の写真については，小方涼子さん，高木尋子さん，高梨実さん，多田羅和恵さん，寺澤比奈子さんからご提供いただきました。本書をより親しみやすいものにしてくれた写真を快く提供してくださった各氏に，改めて感謝の意を表したいと思います。
　　　1999年3月

鎌原　雅彦
竹綱誠一郎

●著者紹介

鎌原 雅彦（かんばら まさひこ）
　　執筆● 1 章，2 章，4 章，7 章，9 章，10 章，11 章，12 章 1 節，3 節

1953 年　大阪府生まれ
1984 年　東京大学大学院教育学研究科博士課程修了
現　在　聖学院大学名誉教授
主　著　『帰属過程の心理学』（分担執筆，ナカニシヤ出版，1991 年），『達成動機の理論と展開』（分担執筆，金子書房，1995 年），『教育心理学 I』（分担執筆，東京大学出版会，1996 年），『質問紙法』（共編著，北大路書房，1998 年），『心理アセスメントハンドブック』第 2 版（分担執筆，西村書店，2001 年），『はじめての臨床社会心理学』（分担執筆，有斐閣，2004 年），『無気力な青少年の心』（共編著，北大路書房，2005 年）

竹綱誠一郎（たけつな せいいちろう）
　　執筆● 3 章，5 章，6 章，8 章，12 章 2 節，コラム㉔

1953 年　大阪府生まれ
1986 年　東京大学大学院教育学研究科博士課程修了
現　在　学習院大学名誉教授
主　著　『学級集団の理論と実践』（分担執筆，福村出版，1991 年），『現代心理学講義』（分担執筆，北大路書房，1991 年），『教育心理学 I』（分担執筆，東京大学出版会，1996 年），『質問紙法』（分担執筆，北大路書房，1998 年），『心理学 for you』（共著，八千代出版，2000 年），『教育心理学研究の技法』（共著，福村出版，2000 年），『日本語教育事典』新版（分担執筆，大修館書店，2005 年）

●Information

●**この本の性格**　本書は，教職課程の教育心理学ならびに公認心理師カリキュラムの教育・学校心理学のテキストとしてつくられています。いままで心理学に接したことがないという人を対象に，教育心理学の基本的事項をわかりやすく解説しています。教職をめざす人だけではなく，広く教育心理学に関心のある人には役立つものと考えています。

●**この本の構成**　この本は 12 章から構成されています。1～4 章は認知心理学や学習心理学の基本的な理論を紹介しながら，教育実践との関わりにふれています。5～7 章は，学校教育場面でのより実践的な問題について教育心理学の視点でまとめています。8～11 章は，発達の問題を扱っており，12 章ではカウンセリングの理論を紹介しています。これらの章は相互に関連していますが，どの章から読み始めてもよいようにつくられています。

●**キーワード**　基本的事項として大切な事柄は，本文中に太字で示されています。キーワードを心に留めながら読み進めば，それぞれの章の内容が理解しやすいことと思います。

●**まとめ**　各章の最後に，まとめとしてその章の内容を要約しています。みなさんの理解を確認し，知識を整理するうえで利用してください。

●**コラム**　各章 1～3 のコラム（*Column*）を配し，実際の教育心理学の研究や新しい話題などを紹介しています。また実習課題的なものもありますので，ぜひ自ら体験してみてください。

●**図　表**　コラムを含め本書では多くの図表を用いています。心理学の知見は，実験や調査あるいは観察などの実際のデータの積み重ねに基づいています。本文の記述とあわせて図表に示された具体的なデータをみることにより，理解が助けられることと思います。

●**文　献**　各章の章末に，学習をさらに深めるうえで参考になる図書を，簡単な紹介文をつけてあげておきました。また本文中の引用文献は，著者（年号）の形式で表示し，巻末にアルファベット順に一覧にしてあります。外国文献で邦訳のあるものは，できる限り訳書もあげておきました。

●**索　引**　巻末に事項索引，人名索引をつけました。キーワードだけではなくより広く教育心理学の用語を載せていますので，活用してください。

●もくじ

第1章 記憶力がいいとはどういうことか　1

1 短期記憶 …………………………………………………… 2
短期記憶の容量（2）　短期記憶と長期記憶（4）　短期記憶から長期記憶へ（6）

2 長期記憶と意味づけ ……………………………………… 9
意味的な処理と自己準拠効果（9）　意味的なまとまり（11）　意味づける（13）

3 忘　却 ………………………………………………………15
干渉（16）　検索失敗説（17）

第2章 学ぶことと考えること　21

1 知　識 ………………………………………………………22
宣言的知識（23）　素朴概念（26）　手続き的知識（28）　ルールとバグ（30）

2 問題解決 ……………………………………………………32
アルゴリズム（33）　ヒューリスティクス（35）　問題解決を阻むもの（38）　メタ認知（41）

第3章 ほめることの大切さ　45

1 古典的条件づけによる学習 ………………………………47
古典的条件づけ（47）　学習された行動の消去（49）　人間の古典的条件づけ（49）　古典的条件づけによる問

xi

題行動の治療（51）

2 道具的条件づけによる学習 …… 52
道具的条件づけ（52） 動機づけ（54） 学習された行動の消去（56） 道具的条件づけによる問題行動の治療（56） 罰による行動の消滅（57）

3 観察による学習 …… 59
モデリング（59） 観察学習（61）

4 自己強化による学習 …… 64
自己調整モデル（66）

第4章 「やる気」を考える 75

1 期待―価値モデル …… 76
能力が明らかになること（78）

2 統 制 感 …… 79
学習性無力感（79） 内的―外的統制（83） 自己効力（85）

3 原因の考え方 …… 88
努力と能力（91）

4 内発的動機づけ …… 93
外的報酬の阻害効果（94） 学習の目標（97）

第5章 学級という社会 101

1 学級集団の特殊性 …… 102

2 教師―生徒関係 …… 103
教師期待効果（103） 教師期待効果が生じるのはなぜ

か（106）

3 学級雰囲気 …………………………………………………… 108
リーダーとしての教師の影響力（108）　学級の学習目標による学級雰囲気（110）　学級の自律―統制の観点による学級雰囲気（115）

4 生徒の人間関係 …………………………………………… 115
友人関係（116）　集団規範（116）　いじめ（118）

5 生徒関係を理解する方法 ………………………………… 122
ソシオメトリックテスト（122）　ゲスフーテスト（125）
学級社会的距離尺度（126）

第6章　どのように教えるか　129

1 発見学習 …………………………………………………… 130
発見学習とは（130）　仮説実験授業（131）

2 受容学習 …………………………………………………… 133
受容学習とは（133）　有意味受容学習（134）

3 グループ学習と個別学習の具体例 ……………………… 135
ジグソー学習（135）　プログラム学習（137）　プロジェクト・ベース学習（139）

4 適性処遇交互作用 ………………………………………… 141

第7章　児童・生徒をどう評価するか　149

1 教育の成果を評価する …………………………………… 150
評価の目的（150）　何を基準に評価するのか（151）
いつ評価するのか（158）　誰が評価するのか（159）

もくじ　xiii

2 評価のための情報を得る方法 ……………………… 161
　　学力を知る（161）　知能を知る（164）　性格を知る
　　（165）　良いテストとは（168）

第8章　人間の発達について考える　　173

1 発　達　と　は ……………………………………………… 174
　　発達段階（174）　成熟と学習（174）

2 遺伝と環境 ………………………………………………… 177
　　家系研究（177）　双生児研究（179）

3 学習の臨界期と敏感期 …………………………………… 187
　　学習の臨界期（187）　学習の敏感期（189）

第9章　知的発達のメカニズム　　195

1 頭が良いとはどういうことか …………………………… 196
　　知能指数とは何か（196）　いろいろな頭の良さ（198）
　　知能指数は変わらないのか（201）　素朴な知能観（202）

2 知能の発達 ………………………………………………… 203
　　感覚運動期（205）　前操作期（208）　具体的操作期
　　（211）　形式的操作期（212）　ルールの発達（213）

第10章　人格発達の基礎　　221

1 フロイトの発達段階 ……………………………………… 222
　　口唇期（223）　肛門期（223）　男根期（223）　潜伏期
　　と性器期（226）　発達段階と性格（226）

2 エリクソンの発達段階 ……………………………… 227
　青年期以前の段階（229）　青年期とそれ以後の時期（230）

3 母子のきずな ……………………………………… 231

4 自我同一性 ………………………………………… 236
　自我同一性地位（240）

第11章　困難を抱える子どもたち　　247

1 発達障害とは ……………………………………… 248
　福祉的視点から（248）　医学的視点から（250）　アセスメント（252）

2 主な発達障害 ……………………………………… 253
　知的障害（253）　自閉症（255）　注意欠如・多動性障害（258）　学習障害（261）

第12章　カウンセリングとは　　267

1 クライアント中心療法 …………………………… 269
　クライアント中心療法とは（269）　治療的人格（パーソナリティ）変化のための必要十分条件（270）　必要十分条件のもつ意味（273）

2 行動療法 …………………………………………… 277
　行動療法とは（277）　系統的脱感作法（280）　オペラント条件づけ療法（281）

3 認知療法 …………………………………………… 283
　エリスの論理療法（284）　ベックの認知療法（286）

引用文献一覧 ——————————————— 291
INDEX（事項索引・人名索引）——————— 301

Column 一覧

① 短期記憶容量の測定 ……………………………… 3
② テスト不安についての実験 ……………………… 8
③ ホビットとオーク問題 …………………………… 36
④ 水がめ問題 ………………………………………… 39
⑤ シェーピング ……………………………………… 55
⑥ テレビ番組の子どもの攻撃行動への影響 ……… 62
⑦ 自己強化手続きによる学級内での崩壊的行動を
　とる児童の行動変容 ……………………………… 69
⑧ 算数嫌いの子どもたちの「訓練」……………… 82
⑨ Locus of Control（内的—外的統制）尺度 …… 86
⑩ アッシュの同調行動の研究 ……………………… 112
⑪ 日本のいじめの現状 ……………………………… 120
⑫ 近い目標をもつことの学習効果を吟味した研究 … 144
⑬ 偏　差　値 ………………………………………… 155
⑭ 相　関　と　は …………………………………… 180
⑮ ポルトマンの生理的早産説 ……………………… 191
⑯ 物の永続性 ………………………………………… 206
⑰ ピアジェの三つ山問題 …………………………… 210
⑱ 知識が増えると間違う …………………………… 216
⑲ 葛藤の実験的研究 ………………………………… 225
⑳ 愛着のタイプ ……………………………………… 235
㉑ 否定的同一性 ……………………………………… 238
㉒ 誤信念課題 ………………………………………… 256
㉓ ソーシャル・スキル・トレーニング（SST）… 259
㉔ コンサルテーション ……………………………… 263
㉕ 不　登　校 ………………………………………… 275
㉖ 系統的脱感作法による頻尿で悩む高校生の治療 … 279
㉗ 選択的抽出の実験的研究 ………………………… 287

第1章 記憶力がいいとはどういうことか

　　　　　　自分ももっと記憶力が良かったら，と思ったことはないでしょうか。テストの前に一夜漬けで覚えようと思ってもなかなか覚えられないし，せっかく覚えたことも試験が終わるとすぐに忘れてしまう，という経験はだれしももっているでしょう。それでも私たちは成長とともに，膨大な量の情報を記憶していきます。この章では，人間の記憶の基本的な仕組みについて見ていきましょう。

1 短期記憶

　一般に記憶のシステムは，短期記憶と長期記憶の2つに分けて考えられています。電話帳で番号を調べて電話をかける場面を考えると，電話番号を見つけてから，番号をダイヤルし終わるまでの間，電話番号を覚えていなければいけません。けれどもダイヤルし終われば，番号はふつう忘れてしまいます。このような短い時間間隔の記憶を **短期記憶** といいます。先生の話をノートするときも，話されたことを聞いてからノートするまでの間，話の内容を記憶している必要がありますが，これも短期記憶です。これに対して，自分の家の電話番号はずっと覚えています。朝食べたものも覚えているでしょうし，子どものころのできごともいろいろ覚えているでしょう。このように私たちがふつう記憶と呼んでいるものは，短期記憶と区別して **長期記憶** といいます。電話番号を覚えておくような短い記憶とふつうの記憶とは，その特徴が違っており異なったシステムだと考えられているのです。

短期記憶の容量　　それでは短期記憶では，どのくらいのものを記憶することができるのでしょうか。簡単な実験をしてみましょう。ランダムな数字の列を友人に言ってもらい，その数字列をすぐに復唱します。3桁から始めて桁数をだんだん増やしていくと，何桁くらいまで正確に復唱できるでしょうか (*Column* ❶)。

　一般には5～9桁，だいたい7桁くらいといわれています。数

Column ❶ 短期記憶容量の測定

短期記憶ではどのくらいの情報を記憶できるでしょうか。下記の数字の列を友人に言ってもらい、言い終わったらすぐにその数字列を紙に書いてみましょう。下の例は3桁から10桁までの数字列です。何桁くらいまで正しい順序ですべての数字を復唱できると思いますか。

- 5 2 7
- 8 1 6 4
- 3 9 2 6 1
- 4 8 7 2 5 3
- 2 9 7 3 1 6 9
- 1 7 2 5 3 1 5 8
- 3 1 5 8 6 1 9 5 7
- 2 6 1 4 7 3 1 9 7 4

一般には7桁程度覚えられるといわれています。ひらがなや単語でもやってみてください。いくつくらい覚えられますか。

字の代わりにかな文字で行ってもやはり7文字程度です。数字と文字を比較すると、数字は10種類、文字は、清音で46種類、でたらめに答えるとすれば、文字の方が当たる確率が低いわけですから、その分記憶するのが困難であってもいいのでしょうが、実際には変わりません。興味深いことに単語（たとえば、ばら、かわ、いえ、など）にしても7語記憶できます。2文字の単語なら14文字記憶していることになります。

ですから短期記憶の容量は、情報のひとまとまりをひとつの項目として、7項目である、ということができます。この情報のひ

とまとまりをチャンクといいます。市内局番と番号を合わせたものがちょうど7〜8桁ですから、数字をばらばらに記憶すると、ひとつの番号を記憶するのがせいいっぱいということになります。これを2236-0679を「富士山麓オウム鳴く」というように語呂合わせでまとめてしまえば、これで1チャンクになるので、はるかに多くの番号を記憶できることになります。

短期記憶と長期記憶

短期記憶と長期記憶は異なったシステムだといいましたが、これを区別する必要があるのでしょうか。

　動物に強い電気ショックを与えると、電気ショックのずっと前に学習したことは「覚えている」のに、その直前に学習したことを「忘れてしまう」ことが知られています。また事故にあった人の場合にも同じようなことが観察されます。事故後記憶が回復しても事故直前の記憶はずっと戻らない、ということがあるのです。電気ショックや事故にあったとき、すでに長期記憶にある情報は失われないが、短期記憶にあった情報は失われてしまったと考えられます。別の見方をすると、事故直前の記憶は、事故にあったとき、長期記憶ではなく短期記憶にあったということになります。

　実験的な研究からも2つの記憶システムを区別する根拠が得られています。たとえば、「うみ」「さる」「はし」……のような単語を20語程度被験者に提示し、記憶してもらいます。その後、被験者に単語をなるべくたくさん思い出してもらいます。思い出すとき単語の順序は無視します。このような課題を**自由再生課題**といいます。横軸に単語の提示された順番をとり、縦軸にその単語が正しく再生された割合をとると、**図1-1**に示したような

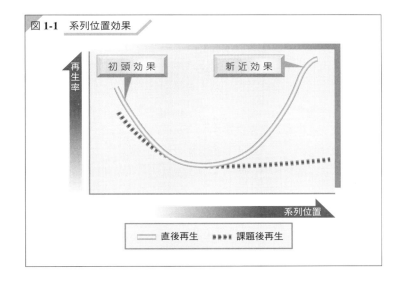

図 1-1 系列位置効果

──曲線が得られます（破線については後述）。これを **系列位置効果** と呼びます。つまり単語がはじめの方にあったか，真ん中か，終わりの方か，によって，思い出せる割合が違ってくるというわけです。図を見ればすぐわかるようにはじめの方の単語と終わりの方の単語はよく覚えていて，真ん中の単語は忘れやすい傾向が見られます。はじめの単語を覚えているのを **初頭効果**，終わりの単語を覚えているのを **新近効果** と呼びます。

さて今度は単語を提示した後，すぐに再生してもらうのではなく，別の妨害課題（たとえば365から3を引いていく）をしばらくやってもらってから，再生してもらうことにします。再生するまでの時間が長くなるのですから成績が悪くなるのは当然ですが，すべての位置の単語で同じように悪くなるのではありません。図中の破線に見られるように，初頭効果はほとんど影響を受けず，

新近効果がなくなります。終わりの方の単語の再生だけが悪くなります。妨害課題がなく提示直後に再生した場合，系列の終わりの方の単語は短期記憶に存在するためよく再生されます。これが新近効果を生みます。しかし妨害課題を行うと，その間に短期記憶に存在した単語が失われてしまうため新近効果がなくなります。系列のはじめの方の単語は，すでに長期記憶に転送されているため，妨害課題によってあまり影響を受けません。このような実験結果も短期記憶と長期記憶の区別を支持するものと考えられています。

短期記憶から長期記憶へ

それでは初頭効果はなぜ起こるのでしょう。単語が順番に提示され，それを記憶するようにいわれると私たちは，頭の中で単語を繰り返して覚えようとします。これを **リハーサル** といいます。いま「うみ」「さる」「はし」……という単語が提示されるとします。まず「うみ」が提示されると，頭の中で「うみ」「うみ」「うみ」「うみ」と繰り返します。次に「さる」が提示されると，「うみ」「さる」「うみ」「さる」と繰り返します。さらに「はし」が提示されると，「うみ」「さる」「はし」「うみ」といったぐあいです。だんだん繰り返すのが困難になりますが，このようにするとはじめの単語ほどリハーサルされる回数が多いということになります。何度もリハーサルされることによって情報は短期記憶から長期記憶へと転送されますが，系列のはじめの単語ほどリハーサルされることが多いので，長期記憶に定着されやすく，その結果，初頭効果が現れると考えられます（**図1-2**）。

短期記憶は7項目しか記憶できませんでした。これに対して長

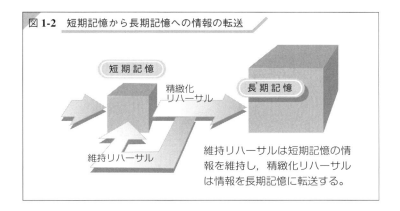

図 1-2 短期記憶から長期記憶への情報の転送

維持リハーサルは短期記憶の情報を維持し，精緻化リハーサルは情報を長期記憶に転送する。

期記憶の容量はほとんど無限であると考えられています。長期記憶が大量の蔵書がある図書館の書庫だとすれば，短期記憶は，その本を取り出して開いてみる閲覧室の小さな机にたとえられるでしょう。「日本の首都はどこか」という質問に答えるとき，「東京が日本の首都である」という情報そのものは長期記憶にある，すなわち図書館の書庫の中にありますが，その問いに答えるためには，そこから書物を引っぱり出し，短期記憶という「机」の上で開いてみなければなりません。この「机」はもともとあまり大きくないので，ここに邪魔なものが入ると，作業がスムーズに進みません。テストなどであがってしまって，頭の中が真っ白になり，できるはずの問題もできなくなってしまう，という状況は，「テストができなかったらどうしよう」といった考えが，この狭い「机」を占領してしまい，本来の作業がうまくできなくなっている状態と考えることができます（*Column* ❷）。このように課題を遂行するための場所という能動的な側面を強調した一時的な記憶は，**作業記憶**（working memory）といわれます。

Column ❷ テスト不安についての実験

　ダーク（Darke, 1988）は，テストなどであがりやすい程度を質問紙で調べ，テスト不安の高い人と低い人に分けたうえで，以下のような実験をしました。刺激文がいくつか与えられた後，テストの文が与えられ，被験者はこの文が正しいかどうか答えるのですが，この課題には2つのタイプがありました。
　タイプ1は以下のようなものです。

> 刺激文1　トランペットが演奏された。
> 刺激文2　その演奏はやかましかった。
> テスト文　トランペットは静かだった。

　タイプ2は以下のようなものです。

> 刺激文1　男はくぎを打った。
> 刺激文2　彼はとても疲れた
> テスト文　男はかなづちを使った。

　タイプ1の課題では，テスト文は刺激文2に関係しているので刺激文1を記憶しておく必要がありません。しかしタイプ2の課題では，テスト文は刺激文2に関係していないので，正しく答えるためには，刺激文1を短期記憶に保持しておかなければなりません。タイプ1の課題では，テスト不安の高い人も低い人も反応時間に違いがありませんでしたが，タイプ2ではテスト不安の高い人は，反応時間が長くなりました。テスト不安の高い人は，課題とは関係のない考え（「失敗したらどうしよう」など）のために短期記憶が圧迫され，刺激文を短期記憶に保持しなければならないような状況では，反応に時間がかかるのだと考えられます。

2 長期記憶と意味づけ

　短期記憶の容量は非常に小さなものですし，逆に長期記憶の容量は膨大なものです。ですから記憶力がいいとか悪いとかいっても，それは人によって記憶する場所の入れものの大きさが大きいとか小さいとかいう問題ではないことになります。もの覚えが悪いと思っている人も，長期記憶の容量が不足しているということはありません。必要な情報が入るだけの容量はあるはずです。ですから問題は，いかにうまく情報を長期記憶に定着させるかと，長期記憶にある情報をいかにうまく取り出すことができるか，ということになります。

意味的な処理と自己準拠効果

　前節でリハーサルによって情報が短期記憶から長期記憶に転送されると述べましたが，単純に頭の中で繰り返すだけでは，長期記憶に情報を定着させるのに十分ではない，ということがわかってきました。短期記憶の情報は10数秒程度で消失します。頭の中で繰り返すと，この情報を短期記憶にとどめておくことができます。しかしそれだけでは長期記憶には転送されません。単に言葉を頭の中で繰り返すようなリハーサルは「維持リハーサル」と呼ばれますが，これに対して長期記憶に情報を転送するようなリハーサルは「精緻化リハーサル」と呼ばれます。「うみ」なら海のイメージを思い浮かべたり，「うみ」から山を連想し，山から「さる」を連想して単語同士を関連づけたりするものです。

同じ単語でも意味的な処理をすることによってよく記憶されます。たとえば、いま

　　　あかるい

という単語があるとします。この単語について、形態についての質問と意味についての質問をしたとします。形態についての質問は、「これはひらがなですか、かたかなですか」というものです。意味的な質問は、「これは『明朗』と同じ意味ですか」というものです。後でどんな単語があったかと聞かれると意味的な質問をされた場合の方が、よく記憶されています（図1-3）。単に形はどうかという表面的な浅い処理を受けた場合より、意味的な深い処理を受けた情報の方が記憶されやすいのです。

　その単語について、あなたにあてはまりますか、という質問をしたときには、もっとよく記憶されています（これを**自己準拠効果**といいます）。「自己」という最も親しくまた複雑なものと関係

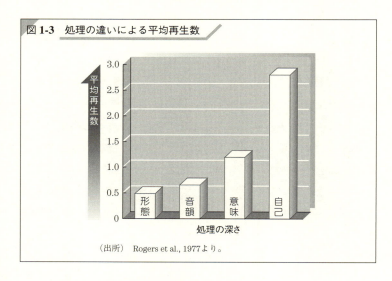

図1-3　処理の違いによる平均再生数

（出所）　Rogers et al., 1977より。

づけることが，記憶を促進しているといえます。裏返していえば，記憶したい事柄は，なるべく自分自身と関連づけて覚えるようにすればよい，ということになります。

> 意味的なまとまり

図 1-4 を見てください。何に見えますか。無意味な黒い図形が並んでいるだけに見えるかもしれません。これは黒い部分ではなく，白いところが意味をもっているのです。黒い背景の上に白で THE という文字が書かれているのです。そう思って見ると，THE という文字が浮かび上がって見えるでしょう。最初無意味な図形として見えていたものが，これは THE だといわれると，ひとつの意味的なまとまりをもったものとして見えます。そうしてそのように見えだすと，もう最初に見えた無意味な図形のようには見えません。私たちは，ものを見るときに意味的なまとまりをもったものとして見る傾向があるのです。また無意味な図形として見ていたのであれば，これを記憶することは困難ですが，黒い背景の上に THE を白抜きにした図形として見れば，記憶し再現することもやさしくなります。

単語や文章の記憶でも同じことがいえます。前に述べた自由再

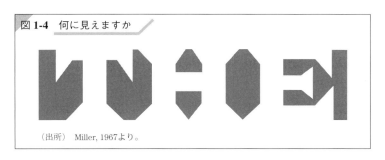

図 1-4　何に見えますか

（出所）　Miller, 1967より。

> **この文を覚えてみてください**
>
> ### 人の住んでいる惑星への宇宙旅行
>
> その光景は心ときめくものであった。窓から下の群衆が見えた。こんな距離があるので，見るものはすべて極端に小さくなった。しかし色とりどりの衣装はそれでも見ることができた。みんなは整然と同じ方向に動いているように見えた。また大人だけでなく小さな子どももいるようだった。着陸はふんわりと行われ，幸運なことに大気は特別な服を着る必要がないほどだった。はじめはたいへんにぎやかだった。そのあと，演説が始まると，群衆はしずまりかえった。テレビカメラを持った男がその舞台や群衆の写真を何枚も撮った。だれしもみんなたいへん親しげで，音楽が始まったときには歓喜しているように見えた。
>
> （出所）　Bransford & Johnson, 1973 ; Lindsay & Norman, 1977より。

生課題では，与えられた単語を再生するときその順序はどうでもよいのですが，同じ課題を繰り返していると被験者は一般に自分なりの意味的なまとまりをもった順序で再生するようになります。たとえば「うみ」「さる」「ねこ」「かわ」……なら，「うみ」・「かわ」，「さる」・「ねこ」……のように再生するといったぐあいです。

　上の囲みの文章を一度だけ読んで，どのくらい覚えているでしょうか。文章の中ほどに「着陸はふんわりと行われ，幸運なことに大気は特別な服を着る必要がないほどだった。」という文があります。半数以上の人がこの文の内容の少なくとも一方を思い出しましたが，「人の住んでいる惑星への宇宙旅行」という題を

「40階から平和行進を見る」という題に変えると、思い出せたのは2割弱であった、といいます。この文は、どちらの題でも筋が通っているようにつくられていますが、「着陸は……」の文だけが、「宇宙旅行」ではつじつまが合いますが、「平和行進」では、意味不明となります。「平和行進」の題では、他の文は意味的なまとまりがつけられますが、「着陸は……」の文だけは関連づけることができず、記憶再生の成績も悪くなってしまうというわけです。

意味づける

空腹の男が車に乗った。　　　　（1）
空腹の男がレストランに行った。（2）

という2つの文は、どちらが覚えやすいでしょう。(2)のほうですね。(2)では、お腹が減っているからレストランに行くという意味的な関連性がありますが、(1)にはそれがありません。そこで、(1)の文を空腹の男がレストランにいくために車に乗った、とすれば覚えやすくなるでしょう。車に乗った理由が追加され、「空腹の男」と「車に乗る」ことが意味的に関連づけられるからです。

　小学生を対象に、文をうまく覚えられるようにするために、文にフレーズを追加して欲しいと頼み、どのような追加が行われるかを調べた研究があります（Stein et al. 1982）。その研究では子どもたちが実際に行ったフレーズの追加を2種類に分けました。元の文、「空腹の男が車に乗った。(The hungry man got into his car.)」に、「レストランに行くために(to go to the restaurant)」のような「空腹の男」と意味的関連性のある追加と、「そして走り去った（and drove away）」のような意味的な関連性がないものとです。図 **1-5** は、意味的な関連性がある追加が行われた文と、関連性のない追

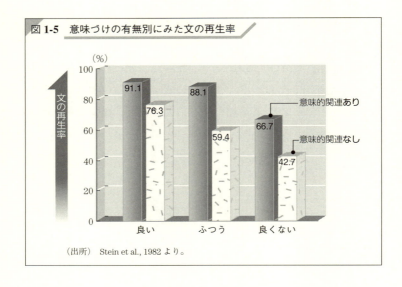

図1-5 意味づけの有無別にみた文の再生率

(出所) Stein et al., 1982 より。

加が行われた文の再生の成績を，学習成績の良い子，ふつうの子，良くない子別に示したものです。学習成績が良い子の方が全体に再生成績はいいのですが，学習の進度がどの程度であっても，意味的な関連性がある追加が行われた文では再生率がよくなっています。また，意味的な関連性がある追加が行われた割合をみると，良い子で，70.3%，ふつうの子で，46.1%，良くない子で，30.5%となっており，良い子では，意味的関連のある追加が多くなっているのに対し，良くない子では逆に無関連な追加が多くなっています。よりよく記憶するためには，このような自発的な意味的関連づけを行うことが重要であると考えられます。

3 忘　　却

　記憶のもうひとつの重要な側面は，忘れる（忘却）ということです。私たちはどのくらいものを忘れるのでしょうか。エビングハウス（Ebbinghaus, 1885）は意味のないでたらめな綴りの単語を記憶することで，忘れる程度を調べました。無意味な単語13のリストを繰り返し暗記し，ひとつの誤りもなく言えるようになるまで学習した後，20分から31日間までさまざまな間隔をおいて再び完全に覚えるまでどのくらい学習しなければならないかを調べました。再学習のしやすさは，最初に暗記したことをどのくらい覚えているかの指標となると考えられます。その結果が図**1-6**で，忘却曲線と呼ばれているものです。これによると最初の数時間で，特に忘れ方が激しく，その後はしだいに忘れ方が緩やかになります。一度全部暗記しても，そのまま放っておくと大半を忘れてしまいますが，数時間のうちに繰り返し学習すれば忘れにくくなります。

　人はなぜ忘れるのでしょう。ひとつは，別のことを学習するために，前に学習したことを忘れてしまう，と考えられます。この現象は**干渉**と呼ばれます。また頭の中から情報が消えてしまうのではないが，思い出せなくなるだけだ，つまり思い出そうとして頭の中を探してもうまく情報を見つけられなくなるのだ，という考え方もあります。

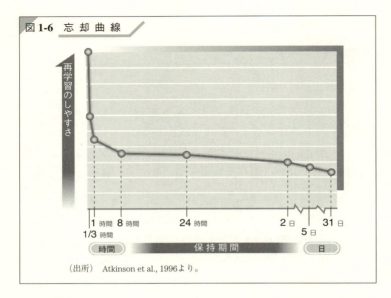

（出所）Atkinson et al., 1996より。

> 干　渉

　第2外国語として英語のほかにロシア語を学習している人はいるでしょうか。ロシア語の文字は，キリール文字といわれる独特の文字で，ラテン文字とは異なっています。たとえば，дやжです。けれどもラテン文字と同じような文字もあります。к，р，уなどです。кは発音は[k]でラテン文字と変わりませんが，р，уは発音が異なり，それぞれ[r][u]の音です。まったく異なったдやжは，すぐに学習できるのですが，р，уは混乱してなかなか覚えられません。つまり新しく「р-[r]の音」という学習をしても，すでに「р-[p]の音」という学習をしているために，新しく学んだことをすぐに忘れるのです。さらにロシア語の発音をだんだん学習していくと，今度は英語を読むときにも，pを[r]と発音してしまいます。これは新しく学習したことによって，以

前学習したことが妨害されてしまうわけです。このようなことはみなさんも身近に経験しているでしょう。前者のように以前の学習のために，新しい学習材料の記憶が妨害されるのを **順向干渉**，逆に後者のように新しい学習のために，すでに学習していたことの記憶が妨害されるのを **逆向干渉** と呼びます。

　干渉説を裏づける実験的な証拠としてよく知られているのは，学習後睡眠をとったときと覚醒していたときで，忘れる度合いが異なるというものです。学習後すぐに睡眠をとったときの方が，記憶が長く保持されています。これは起きていると，学習したことと関係のない余計な情報が入ってくるため干渉が起こり，忘れてしまうからだと考えられています。

検索失敗説

　検索失敗説 を支持する実験的な証拠を紹介しましょう（Tulving & Pearlstone, 1966）。たくさんの単語を被験者に提示し，覚えてもらうのですがこれらの単語はいくつかのカテゴリーに属しています。たとえば「うま」という単語は，『乗物』カテゴリーに，「なし」は，『果物』というぐあいです。ある実験では，48語を記憶してもらったところ，ふつうに再生すると20語しか再生されませんでした。これに対して，『乗物』などカテゴリーの手がかりを与えた場合には30語再生されました。さらに最初20語しか思い出せなかった被験者に後からカテゴリーの手がかりを与えると，再生数が28語に増大しました。この増えた8語は，後で思い出せたのですから，被験者の頭の中から失われてしまっていたわけではありません。最初の段階では，ただ思い出すことができなかっただけです。そこにカテゴリー名という適切な手がかりが与えられると，

情報をうまく探し出すことができ，再生できたというわけです。

　先に述べたように長期記憶の容量は膨大だと考えられています。ですからふだんは思い出せないものの，頭の中に眠っている情報もかなりあると考えられます。小学校時代の友人に会ったりすると，もう忘れ去っていたようなほかの友人の顔や名前，小学校のころのいろいろなできごとが次々に思い出されてくるでしょう。

　このような考え方からすると，忘れないためには，その情報にたどりつくための手がかりを，いろいろ用意しておいた方がいいということになります。人の名前を覚えるにしても，その人の顔や声，一緒にいる友人の名前，同じ名前の別の人の顔，名前から連想されるイメージなどさまざまなことを考えたり，声に出してみる，書いてみるなどして身体的なイメージを喚起するなど，さまざまなひっかかりをつくっておくことが思い出す助けとなります。また12頁の囲みの例で「平和行進」の題で，「着陸は……」の文章内容を忘れてしまったのは，この文が他の文とかかわりをもたず，他の文を思い出したとしてもそこからこの文を探し出すことができなかったからだとも考えられます。意味的なつながりを考えることは，情報の検索の点からも重要だといえます。

　エビングハウスによる無意味な単語の記憶実験では，1日たつとその大半を忘れていました。意味的なつながりをもたないものは，そのほとんどが忘れ去られるのです。私たちは意味のないことを検索しないことによって，意味のある重要な情報をよりすばやく探し出すことを可能にしているとも考えられます。つらい，いやな記憶がいつまでもよみがえってきて悩まされることがあることを考えると，忘れることもまた大事なことであるといえるかもしれません。

まとめ

記憶のシステムは，短期記憶と長期記憶に分けられます。短期記憶は，10数秒で消失してしまうような短い時間間隔での記憶で，わずかの量しか記憶できません。それ以外のふつうの記憶は，長期記憶と呼ばれます。長期記憶で記憶できる量は膨大です。新しい情報はまず短期記憶に入り，その多くは忘れ去られますが，一部は長期記憶に転送され定着します。意味的なまとまりをうまくつくることによって，新しく取り入れたことがらを長期記憶に定着させることができます。

なぜものを忘れるかについては，新たに別のことを学習したために前に学んだことを忘れる（干渉）という考え方と，頭の中からなくなってしまうわけではないが，うまく探せなくなる（検索失敗）という考え方があります。

参考図書

ロフタス，G. R.・ロフタス，E. F.（大村彰道訳）『人間の記憶——認知心理学入門』東京大学出版会，1980
　●人間の記憶システムについての認知心理学的研究が要領よく，かつわかりやすくまとめられており，通読するのに適した本です。また日常生活場面への応用についてもふれられています。

高野陽太郎編『記憶』認知心理学 2，東京大学出版会，1995
　●「認知心理学」シリーズの1冊。この章でふれることのできなかった日常の記憶などを含め，近年の研究成果を概観することのできる本です。

厳島行雄・仲真紀子・原聰『目撃証言の心理学』北大路書房，2003
　●私たちの記憶は，ただ忘れ去られるだけなのではなく，変化し，歪められ，さらには作り出されたりします。人間の記憶の曖昧さや

記憶の変容について考えさせられる本です。また心理学的知識と私たちの実社会での生活の結びつきについて教えてくれる本でもあります。

アイゼンク，M. W.・グルーム，O. 編（箱田裕司・行場次朗監訳）『古典で読み解く現代の認知心理学』北大路書房，2017
　●記憶に限らず広く認知心理学において古典的研究とされ大きな影響力をもった研究を紹介し，さらにその後の研究の展開をまとめています。

第2章 学ぶことと考えること

「学ぶ」という言葉から私たちがまず思い浮かべるのは、いままで知らなかった歴史や科学の知識を身につけたり、数学の問題が解けるようになったり、英語で話ができるようになったりすることでしょう。この章では、知識と問題を解決することについて説明します。

1　知　識

　私たちの頭の中に知識はどのようにして蓄えられているのでしょうか。一般には2種類の知識が区別されています。宣言的知識と手続き的知識です。

　宣言的知識は，事実についての知識であり，「カナリアは鳥である」とか「イギリスの首都はロンドンである」といった知識です。**手続き的知識**とは，やり方についての知識であり，自動車をどうやって運転するかとか，算数の計算問題をどのようにして解くか，などの知識です。

　分数の割り算は，割る分数の分子・分母をひっくり返して掛ければいいのだということは，みなさん知っているでしょう。これは手続き的な知識です。しかし，なぜそうすればいいのかと聞かれると答えるのが難しいのではないでしょうか。逆に自動車のエンジンやクラッチの仕組みを詳しく知っている（宣言的知識）からといって，自動車の運転ができるというものでもありません。ですから両者の知識は別物です。しかし，コンピュータの仕組みについて知っていることは，コンピュータの使い方を身につけるうえで役に立つでしょう。またコンピュータを実際に使って間違ったりうまくいかなかったりといったことを経験し，使い方が上達することによって，コンピュータがどういうものかという知識もより深まっていくでしょう。両者の知識は互いに関連しあっていると考えられます。

宣言的知識　私たちの宣言的知識は，構造的な形で蓄えられていると考えられます。

「カナリアは黄色い」「カナリアは飛ぶ」「カナリアはえさを食べる」という文に対して，これらの文が正しいかどうかを判断させると，「カナリアは黄色い」より「カナリアは飛ぶ」の方が，またそれより「カナリアはえさを食べる」に「正しい」と答える方が時間がかかるといわれています。答える時間の違いはわずかなものですが，しかし一貫してこのような違いがみられます。このような違いが見られるのは，私たちの知識が図 2-1 のように構造化されているからだと考えられています。「黄色い」はカナリアだけに固有の特性なので，カナリアのところにその特性が書か

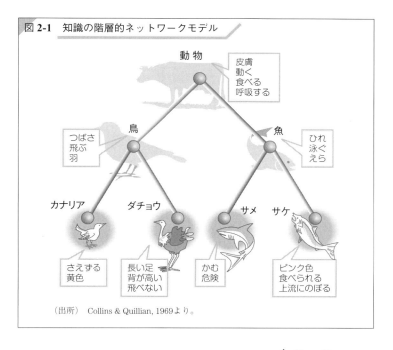

図 2-1　知識の階層的ネットワークモデル

（出所）　Collins & Quillian, 1969より。

1　知　識

れています。それに対して「飛ぶ」という特性は，カナリアだけではなく鳥一般に共通の特性なので，カナリアではなく鳥という概念のところに書かれています。さらに「えさを食べる」は動物に共通な特性と考えられます。

　知識がこのように構造化されているとすると「カナリアは黄色い」という文が正しいかどうか判断するためには，「カナリア」のところに記述されている特性を調べていけば，正しいと答えることができます。ところが「カナリアは飛ぶ」に答えるためには，「カナリア」のところには「飛ぶ」という特性が書かれていませんので，「鳥」のところまで探しに行き，そこに「飛ぶ」と書かれているのを見つけて，はじめて「正しい」と答えることができるわけです。「カナリアは飛ぶ」に答えるためには，「鳥」のところまで探しに行かなければならないぶん，余計に時間がかかるというわけです。「カナリアはえさを食べる」の場合は，「動物」のところまで探しに行かなければならないので，さらに時間がかかると考えられます。

　私たちがものを「学ぶ」ということは，このような構造化された知識のネットワークをつくりあげていくことだということができます。連想課題を用いて**知識の構造化**の様子を調べた研究を紹介しましょう。ここでは理科で扱われる概念，たとえば「熱」「衝突」「反応」などについて生徒たちに自由に連想させます。「熱」に対して「熱い」「冷たい」「温度」「速度」「太陽」などと連想するわけです。このとき「熱」について連想されたものと「衝突」について連想されたものとの間に共通して連想された語が多くあれば，その人の頭の中では「熱」と「衝突」が結びついていると考えられます。逆に共通に連想されたものがひとつもなければ，

図 2-2 知識の構造化

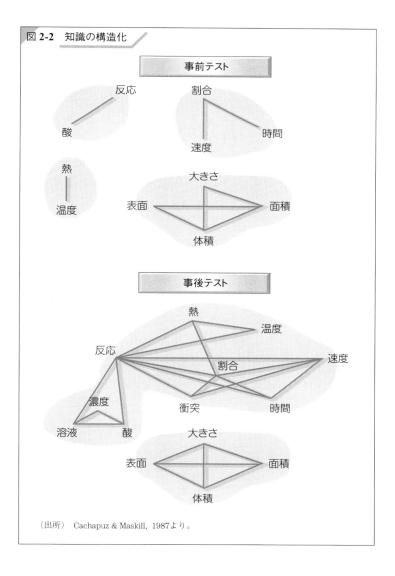

（出所） Cachapuz & Maskill, 1987より。

2つの概念は無関係だと考えられます。このような考えに基づいて概念間の結びつきを図示したものが，**図2-2** です。学習の前と後とを比べると成績の良い学習者では，はじめばらばらであった概念の間に結びつきが生じ，知識が構造化されているのがよくわかると思います。

素朴概念

コインを上に投げ上げると，**図2-3** のAのようにしばらく上に上がって頂点に達した後，落ちてくるでしょう。上昇中と下降中でこのコインに働く力を図に書き込んだとき，BとCのどちらが正しいでしょうか。このような問題を調べたクレメント（Clement, 1982）によると，多くの人はBと答えるようです。ところがニュートンの慣性の法則（第1法則）によると，力を加えられなければ物体はそのまま一定の速度で等速運動を続けます。またその第2法則によると力を加えることは物体に速度の変化を引き起こすが，力の大きさは加速度と質量の積に等しいというものです。コインをいったん投げ上げてしまうと，コインに働いている力は重力だけであり，下向きの重力によって投げ上げられたコインの上向きの速度は次第に減少し遅くなっていきます。ついに速度は0となって今度は下向きの速度がしだいに大きくなりどんどん落下していくということになります。この間働いている力は空気抵抗を無視すれば重力だけですので，図のCが正しいということになります。

ところが私たちは，運動しているものはたとえ等速運動している場合でも，運動している方向に力が働いていると考えがちのようです。コインが上昇している段階では，投げ上げ時に与えられた上向きの「力」が働き続けている，この上向きの「力」は徐々

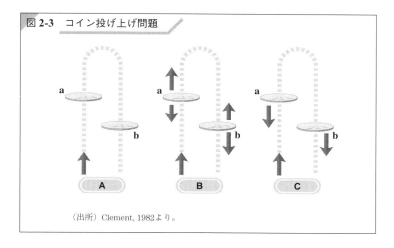

図2-3 コイン投げ上げ問題

(出所) Clement, 1982より。

に小さくなっていくが，重力より大きいので上昇を続けている，この上向きの「力」が重力より小さくなると落下していくと考えるようです。確かに地面に置いてあるものを動かすには引っ張る力が必要で，力をかけないとその場で止まってしまうので，動かし続けるには引っ張り続けなければなりません。こうした日常的な経験から私たちは，運動や力というものについて，こんなものだという概念を形成しているものと考えられます。このように私たちが日常的な現象を観察することから自然に獲得している知識を **素朴概念** と呼びます。こうした概念は，コインの例のように自然科学的概念と矛盾していることがあり，その場合には誤概念と呼ばれることもあります。物はまっすぐに下に落ちる，とか重いものほど速く落ちる，といった考えもよくみられる誤概念の例です。クレメントによると高校の物理を修了している大学工学部の1年生でも正答したのは12％だけだったといいます。さらに大学1学期の物理がすんだ後でも70％の学生が誤答したそうで

す。大学で物理の授業を受けた後にいくぶんよくはなっていますが、多数の学生たちは素朴概念をもち続けており、こうした概念は、通常の力学の講義を受けてもなかなか変わらないものと思われます。一方でニュートンの力学の法則などは知識として知っているにもかかわらず、日常的な状況ではこれまでもっていた素朴な概念が使われているわけで、私たちがすでにもっている知識が、科学的な概念や知識の受容、応用を妨げる場合があると考えられます。

手続き的知識　手続き的知識は、こういう場合はこうしろという規則（**プロダクションルール**）の集まりと考えることができます。たとえば、

　　　もし (if) 赤信号なら、そのときは (then) ブレーキを踏め

というように、プロダクションルールは if-then という形で表現されます。

図 **2-4** は2つの数を足し算するときのプロダクションルールの例です。

たとえば、28＋35 を考えてみましょう。まずルールの if 〜の部分をチェックします。P1 を見ると、「if 目標が2つの数を足すことであり、かつ右端（1の位）にともに数字がある」、という条件はいまの状態と一致しますので、このルールを適用します。つまり「それぞれ右端（1の位）の数字を取り出し、2つの数字を足すことを目標」にします。次にルールの条件部分を見ていくと、P4 が一致します。繰り上げの印は最初はなく、8と5を足すと10以上になるからです。このルールを適用すると、8＋5＝13 の結果の1の位の数字、すなわち3を書き出し、繰り上げの印を設

図 2-4 2つの数の足し算のためのプロダクションルールの例

P1 if 目標が2つの数を足すことであり、
かつ右端（1の位）にともに数字がある
then それぞれ右端（1の位）の数字を取り出し、
2つの数字を足すことを目標にする

P2 if 目標が2つの数字を足すことであり、
かつ繰り上げの印が設定されている
then ひとつの数字に1を足したうえで、
2つの数字を足すことを目標にし、
かつ繰り上げの印を解除する

P3 if 目標が2つの数字を足すことであり、
かつ繰り上げの印がなく、
かつ足した結果が10未満
then その結果を書き出し、
かつ次の桁の数字を取り出すことを目標とする

P4 if 目標が2つの数字を足すことであり、
かつ繰り上げの印がなく、
かつ足した結果が10以上
then その結果の1の位の数字を書き出し、
かつ繰り上げの印を設定し、
かつ次の桁の数字を取り出すことを目標とする

P5 if 目標が次の桁の数字を取り出すことであり、
かつどちらの数にもその桁の数字がある
then その2つの数字を足すことを目標とする

P6 if 目標が次の桁の数字を取り出すことであり、
かつどちらの数にもその桁の数字がない
then 終わり

（出所）Anderson, 1980より。

定し，さらに次の桁の数字を取り出すことを目標とします。そこで次は，P5の条件が一致するので，このルールを適用し，2+3を次の目標にします。このとき繰り上げの印が設定されているので，P2が適用され，3+3を目標にし，繰り上げの印を解除します。

1 知　　識

今度はP3の条件が一致するので、このルールが適用され6を書き出し、さらに次の桁にとりかかろうとします。しかしこのとき次の桁にはもう数字がないのでP6を適用し終了します。

ただ「2つの数を足す」というだけの簡単な課題を行うにも、かなり複雑なルールの集合を使っていることがわかるでしょう。ふだん私たちが計算するときこのようなルールをいちいち意識しているわけではなく、自動的に行われていると考えられます。

ルールとバグ

プロダクションルールの集合としての知識という見方からすると、繰り上がりのある足し算で間違えるのは、図2-4のルールがいくつか欠けている、あるいは図2-4とは異なったルールを使っているからだといえるでしょう。

子どもたちが計算でどのような「誤り」をおかすのかを見ることにより、子どもたちが使っているルールの欠陥（バグ）を探ることができます。バグはもともと虫という意味で、コンピュータプログラムに潜んでいて、思わぬ動作の原因となるプログラムの欠陥のことをいいます。ルールの集合をプログラムと考え、誤った結果をもたらすルールの欠陥をバグと呼ぶわけです。

繰り下がりのある引き算では、たとえば図2-5にあるような誤りがよく見られるようです。1)のタイプでは、どの桁でも引かれる数と引く数とに関係なく、大きい数字から引くというルールが一貫して用いられています。2)のタイプでは、1度目の繰り下がりではきちんと上位の数を1減じていますが、その桁も引けないときにさらに上位の数を1減じていません。

分数の計算でも、いろいろな誤りが見られます。タイプa)の

図 2-5 算数の計算によく見られる誤りの例

繰り下がりのある引き算

1) 526
  −287
  ―――
  361

2) 526
  −287
  ―――
  339

3) 506
  −287
  ―――
  229

分数の計算

a) $3\frac{3}{4} + \frac{1}{3} = 3\frac{9}{12} + \frac{4}{12} = 4\frac{3}{12}$

b) $5\frac{4}{5} + 4\frac{1}{3} = \frac{29}{5} + \frac{13+2}{3+2} = \frac{29}{5} + \frac{15}{5}$

c) $3\frac{5}{6} - \frac{10}{12} = \frac{18+10}{12} - \frac{10}{12} = \frac{28}{12} - \frac{10}{12}$

(出所) 吉田，1991 より。

誤りは，分子が分母より大きくなったときの処理がまずいのですが，このとき分子 13 の 10 の位の数字を整数部分の 3 に足しているのです。このやり方は 39 + 4 = 43 を計算するときと同じ足し方をしているのです。つまり，このような誤りをする子どもは，分子が分母より大きいという自分で処理の仕方がよくわからない状況で，いままで使っている整数に適用できるルールを適用しているのです。誤りは，適切なルールの欠如，本来適用できない状況に別の（自分の知っている）ルールを適用してしまうために起こるのだと考えることができます。

このように見れば，子どもが学習の過程でおかす誤りは，でたらめではなく子どもが積極的に自分の考え方，仮説をもって問題に取り組んでいるために起こるのだといえます。教師は，子どもの誤りから子どもの考え方を推論することができますし，またそ

れぞれの子どもの知識の状態を知るために，子どもの考え方が誤りからわかるような問題をつくるべきだともいえます。そうすれば子どもに欠如しているルールを身につけられるような指導を行うことができるでしょう。子どもの側からいえば，間違うことは失敗でも無能力の証でもなく，間違いを通して新しいルールを学ぶことができるのだといえます（*Column* ⓲）。

2　問題解決

　学校では，数学の計算問題をやったり，英語の文章を読んで設問に答えるなど，与えられた問題を解く，という作業を頻繁に行います。しかし学校で与えられる問題ほどはっきりしていないかもしれませんが，私たちの日常生活での活動の多くは，ある意味で問題を解決しようとして行われていると考えられます。お昼に何を食べようかといったささいなことから，どんな職業に就こうかとか，この仕事を成功させるためにはどうしたらいいだろうかといった個人にとって重大なことがら，あるいは地球温暖化をくいとめるにはどうするかなど人類全体にかかわるものまで，すべてある問題を解決しようとする活動だということができます。

　数学の計算問題や簡単なパズルのように，与えられている条件や最終的な目標がはっきりしている問題は，よく定義された問題といいます。私たちが日常直面する問題はしばしば漠然としているわけですが，ここではよく定義された問題の解決を中心に考えてみましょう。

> アルゴリズム

3×3の升目に，白黒交互に石を置いていき，縦横斜めのいずれかに石が3つ並んだ方が勝ちというゲームを考えてみましょう。このゲームでは，最初の状態（何も石が置かれていない状態）と目標となる最後の状態（石が3つ並んだ状態）がはっきりしており，また状態を変えるための操作（石を置く）の可能性も限られています。

このようによく定義された問題では，可能なすべての状態を考えることができます。**図2-6**にはその問題空間の一部が示されています。1手目に白が石を置くとすると，3×3で9個の升がありますが，4つの角のどこに置いても同じことなので，結局中央と角と辺の真ん中の3つの場合しかありません。白が中央に置いたとして次の黒の応手は，辺の中央か角の2種しかありません。2手目の黒が辺だったとして，3手目の白は図の4つの可能性があります。白が角に置いて斜めに2つ石を並べたとすると，残っている升は6つで，4手目の黒は図にあるように6つの可能性があります。しかしすでに白石が2つ並んでいるのですから3つ並ぶのを阻止するように逆の角に黒が置く（図中左から4番目）のでなければ，その他の5つの場合には5手目に白が右下角に石を置き簡単に白の勝ちになります（たとえば図の右端）。黒が4手目に右下角に置いたとすると，それに対して白が置ける升はもう5カ所しかありません。このうち左から2つの場合は，いずれも白石が2方向に2つ並んでおり，黒が一方を阻止してもその次に白がもう一方で3つ並べることができ白の勝ちとなります（一番下の段）。それでは5手目の白の残りの3つの場合はどのようになるでしょうか。考えてみてください。

ゲームのすべての状態を書き表せば，ゲームに勝つ方法を見つ

図 2-6　問題空間の一部

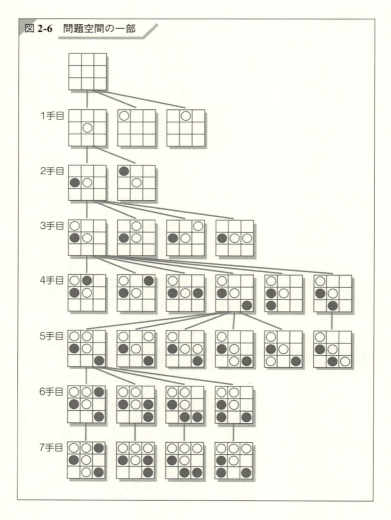

けるのは、この空間の中で「勝ち」の目標状態に至るひとつの筋道を見つけるということになります。図のように可能な状態をすべて書き表し、すべての場合を探索して目標状態に至る筋道を見

つけ出す，というのは**アルゴリズム**の一例です。アルゴリズムとは問題の解決が保証された方法です。4桁の暗証番号を忘れたとき，すべての場合を試すのもそうですし，数学の一次方程式の解法もアルゴリズムの一例です。

ヒューリスティクス

簡単な詰め将棋も駒の動かし方には決まりがあり，最終目標もはっきり決まっていますので，よく定義された問題であり，すべての場合を書き表した問題空間を探索すれば，必ず解決に至るはずです。しかし，このようなやり方はなかなか大変であり，私たちはふつうこのようにして詰め将棋をやりません。そして将棋自体になるとこれもよく定義されてはいますが，あまりに可能な状態が多すぎてコンピュータを使っても，とてもすべての場合を探索することはできません。何か別のやり方を考える必要があるでしょう。

先ほどの簡単なゲームでも私たちはすべての可能性を順番に探索するようなことを実際にはしてはいません。たとえば3手目の白で右端のような形で石を置くことは考えないでしょう。3つ並べたいのだから3つ並べる余地があるように石を置こうとするからです。

この簡単なゲームの問題空間をすべて書き表すのはなかなか面倒ですが，一見複雑そうな問題が実は単純な問題空間となっている場合もあります。ホビットとオーク問題といわれるものがそうです（*Column* ❸）。

川の両岸でオークの人数がホビットの人数を上まわってはいけないとか，ボートは2人乗りで帰るときも少なくとも1人は乗っていなければならないとか制約がいろいろとあるために，それぞ

Column ❸　ホビットとオーク問題

この問題は以下のようなものです。

> 3人のホビットと3人のオークが川岸にいます。この6人すべてを対岸に渡したいのですが，ボートは1艘しかなく2人乗りです。またボートは漕ぎ手が必要で，行き帰りいつでも少なくとも1人は乗っていなければなりません。さらにオークがホビットより人数が多くなるとホビットを襲って殺してしまうので，川のどちら側でもオークが多くなってはいけません。どのようにすれば6人全員が無事に対岸に渡ることができるでしょうか。

この問題空間は図 2-7 のようになります。

問題に与えられた最初の状態は，図の左の上から2番目，331 の状態です。この3桁の数値は，左から川の左岸にいるホビットの数，オークの数，およびボートの数（有無）です。ですから状態 331 はホビットもオークも左岸に3人ともおり，ボートも左岸にある最初の状態です。最終的な目標の状態は図の右上，状態 000 になります。

初期状態 331 から可能な動き方は，ホビットとオークが1人ずつ2人でボートに乗るか，オーク2人で乗るかです。この操作をそれぞれ 1H1O，2O と表記しています。前者だと状態 220 へ，後者だと状態 310 に移行します。初期状態からホビット2人で乗ると左岸に残されたホビットが1人となりオークに殺されてしまいますので，この動きをとることはできません。ホビット1人で乗っても同じことです。またオーク1人で乗ることもできますが，その場合ボートに乗って帰って来なければならないので結局初期状態に戻ってしまいます（この動きは図の左上に示されています）。

図からわかるように，いろいろな制約のために可能な動き方は限られており，問題空間は単純なものになっています。

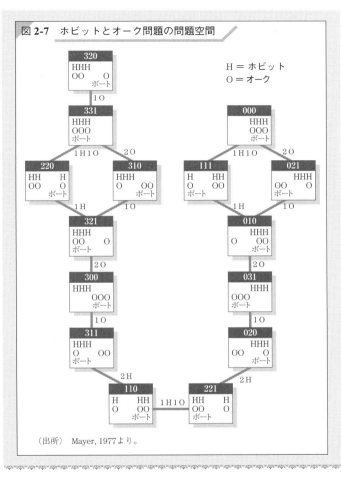

図 2-7 ホビットとオーク問題の問題空間

(出所) Mayer, 1977より。

れの状態で可能な行動(操作)はほとんどひとつしかなく,そのため問題空間は単純になっています。ですからこのひとつの道筋をたどれば解決に至るわけです。

問題空間を考えると単純なのですが,実際にはこの問題はすら

すら解けるものではありません。このような問題を考えてもらい，ある状態から次の状態に至る時間を調べたところ，状態 110 から 221 に至るときに非常に時間がかかるようです。状態 110 からもとの状態 311 に戻るのでなければ可能な状態は 221 しかないのに，この状態に移るのに時間がかかるのです。これは状態 110 では 4 人が渡っているのに状態 221 では渡った人間が 2 人になってしまい，なんだか後戻りしているように思えるからです。ということは私たちは，この 6 人全員を対岸に渡すという問題を解くとき，まず 4 人渡すとか，ホビット全員を渡すとか，最終的な問題解決につながるような下位の目標を立て，まずそれを達成しようとしていると考えられます。状態 110 ではいったん下位目標が達成され，状態 221 ではその下位目標が達成されなくなってしまうので，この状態には進みにくいのです。下位目標を立てるなど，必ずしも解決が保証されるわけではないが，効率的に解決を得る可能性のある方法を **ヒューリスティクス** といいます。暗証番号を忘れた例でいえば，すべての可能な場合を試す代わりに自分の誕生日や電話番号を試してみるというのがこれにあたります。

| 問題解決を阻むもの

Column ❹の問題をやってみてください。ある解決方法をみつけだすとその方法に固執してしまい，他のもっと簡単な方法に気づきにくくなり，またこのやり方では解けない問題では正答率が下がってしまいます。一度問題に対する構えができあがってしまうと，それがかえって問題の解決を妨害してしまうのです。

図 2-8 は 2 本コードの問題といわれるもので，天井からぶら下

Column ❹ 水がめ問題

　これはA，B，Cの3つの容量の水がめがあるとき，決められた量の水を汲み出すにはどうしたらいいかという問題です。たとえば，

　A＝20，B＝100，C＝5で，求められる水の量が75のとき，まずBに水を汲み，そこからAで20，次にCで5汲み出せば，Bに75残ります。このときB－A－Cと書くことができます。

　下の表の問題ではどうでしょう。1番から5番まではB－2C－Aです。6，7，9，10番はB－2C－Aでもできますが，もっと簡単な方法があります。6番と10番ではA－C，7番と9番はA＋Cでできます。また8番はB－2C－Aでは解けません。

　6，7番ではもっと簡単な方法があるにもかかわらず，B－2C－Aと回答した人が83％，このやり方では解けない8番を経験した後の9，10番でもやはりB－2C－Aで解いた人が79％いたといいます。また64％の人が8番に失敗したそうです。あるひとつの方法で解決できるとその方法に固執してしまい，他の解決方法をみつけるのが困難になるようです。

表2-1　ルーチンスの水がめ問題

問題	水がめAの容量	水がめBの容量	水がめCの容量	求められる水量
1	21	127	3	100
2	14	163	25	99
3	18	43	10	5
4	9	42	6	21
5	20	59	4	31
6	23	49	3	20
7	15	39	3	18
8	28	76	3	25
9	18	48	4	22
10	14	36	8	6

（出所）　Luchins, 1942より。

図2-8 2本コードの問題

(出所) Anderson, 1980より。

がったコードを結ぶにはどうしたらいいかというものです。部屋にはいす，びん，プライアー（ペンチ），くぎ，紙があります。ただし図に見られるように片手でコードをつかんだままでは，もう一方のコードに手が届きません。

　正解はプライアーを片方のコードに結びつけこれを重りにしてコードを揺らせておいて，これが近づいたときにつかまえて結ぶというものです。10分以内にこれを解決した人は39％であったといいます。この問題が解決しづらいのは，プライアーを本来の使い方とは違って「重り」として使わなければならないからです。ここでもプライアーとはこういうものである，という固定した考え方が問題の解決を妨げているのです。

　図2-9は，安いネックレス問題といわれるものです。1個の輪を開くのに2セント，閉じるのに3セントかかるとして，15セント以内でこの4つに分かれたネックレスを全部つなぎ，ひとつ

図 2-9　安いネックレス問題

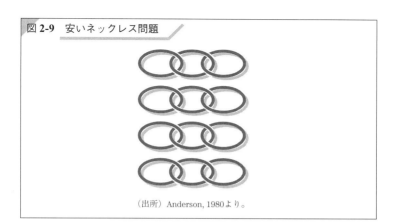

（出所）Anderson, 1980より。

なぎの輪にするにはどうしたらいいかというものです。

正解は，まず4つの断片のひとつを取り上げ，その3個の輪を全部開きます。これで2×3＝6セント。次にこの3個の輪を使い，残りの3つの断片の2つずつをつなぎます。このとき3個の輪を閉じるので3×3＝9セント，都合15セントになります。

この問題を連続して30分間考える場合と，中休みを入れる場合を比較すると，中休みを入れた方が正解率が高かったといいます。もちろん中休みの間は他のことをしており，この問題を考えていたわけではありません。これを**孵化効果**といいます。このようなことが起こるのは，続けて30分間考えていると，考え方がある方法に固定してしまって，別の見方が生まれにくい，逆に間に休みを入れると，いままでの固定した考えと離れた新しい視点をとることができやすいからだと考えられます。

| メタ認知 |

問題を解決するうえでもうひとつ重要なことに**メタ認知**があります。メタ認知

とは，認知についての認知という意味で，自分は短期記憶でどのくらいの量が記憶できると思っているかとか，どのような方法で記憶すればよく記憶できると考えているか，どのような課題が難しいと考えているかなど，自分の記憶や問題解決についての自分の知識のことです。

　たとえば，ある文章を読んでその中の文がどの程度重要かを評定してもらいます。まず重要でないと思う文を全体のおよそ4分の1程度消してもらいます。次に残りの文の中でまた重要でないと思うところをやはり4分の1くらい消してもらいます。こういうことを繰り返すと文全体が重要性について4つの水準に分けられることになります。小さな年齢の子どもたちでは，この重要性の評定が，大学生などによる評定と一致しません。ところがどの文を記憶しているかをみてみると，大学生が重要だと評定している文の方をよく記憶しています。再生率は，大学生が評定した重要性の水準に対応しているのに，どれが重要かと聞かれるとうまく答えることができない，というわけです。いいかえると幼稚園児は自分がどこをよく覚えているだろうか，ということがわからないわけで，メタ認知が十分発達していない，といえるでしょう。

　年少の子どもでは，自分で学習するとき，できなかったことがらに多くの時間をかけることをしないようです。楽器の練習などでも，弾けない，つっかえるところだけを重点的に練習するということをせず，つっかえるとそのときだけ弾き直してそのまま先に進み，また最初から弾く，という方法をとります。覚えられなかったことがらや弾けない部分を取り出してそこに時間をかけた方が効率がよいと思われるのにもかかわらずです。

　また現在自分が行っている問題解決を別の観点から検討するこ

とも苦手なようです (Brown, 1984)。「$\frac{2}{3}\ell$ 入る水差しが6つありレモネードが入っている，レモネードは全部でいくらありますか?」という問題に，ある子どもは 18 ℓ と答えます。水差し1つは $\frac{2}{3}\ell$ で 1 ℓ より少ないのですから，それが6つ集まっても 6 ℓ より多くなるはずはないと考えれば，18 ℓ という答えはおかしい，と気づくはずです。このように自分が行っている問題解決をいま行っている方法を離れて自己点検することができないこともよくみられます。

　このように自分自身の記憶や学習のあり方についての正しい知識をもつことは，問題解決にとって重要であり，教育においてもメタ認知を育てることが大切になってくるでしょう。

まとめ　Summary

　私たちのもっている知識は，一般に宣言的知識と手続き的知識の2つに区別することができます。宣言的知識は，事実についての知識です。私たちがものを「学ぶ」ということは，新しい概念が，それまでもっていた知識のネットワークの中に組み込まれ，知識がより構造化していくことだと考えることができます。手続き的知識とは，やり方についての知識です。手続き的知識は，プロダクションルールの集まりとしてとらえることができます。子どもが問題を解くのに失敗するのは，適切なルールを欠いている，あるいは独自のルールを用いているからだと考えられます。

　よく定義された問題の解決は，問題空間の探索としてとらえることができます。このとき可能なすべての場合を順に調べていくのは，一般に時間がかかりすぎるので必ずしも解決に至らないかもしれませんが，より効率的な解決を得る可能性のある方法をとります。ひとつの見方に固執することによって創造的な問題解決

が妨げられてしまうこともあります。自分自身の記憶や学習についての正しい知識をもつことが問題解決にとって重要です。

参考図書　Reference

ガニエ，E. D.（赤堀侃司・岸学監訳）『学習指導と認知心理学』パーソナルメディア，1989
- ●認知心理学の知見について教科の学習という視点から書かれている本です。かなり大部ですが，作文，数学，科学など各教科領域ごとの章もあり，教科教育を考えるうえで参考になります。

ブラウン，A. L.（湯川良三・石田裕久訳）『メタ認知——認知についての知識』サイエンス社，1984
- ●ここでは詳しく紹介できなかったメタ認知に関する本です。子どもや障害をもった子のメタ認知，その発達について書かれています。

米国学術研究推進会議編（森敏昭・秋田喜代美監訳）『授業を変える——認知心理学のさらなる挑戦』北大路書房，2002
- ●熟達や転移，認知発達など学習についての認知心理学的な知見を要約したうえで，歴史，数学，理科の教授法など，認知心理学的な考え方の教育場面への実際的な展開について述べられています。

楠見孝編『思考と言語』北大路書房，2010
- ●日本認知心理学会が監修している現代の認知心理学シリーズの一冊です。問題解決，推論などの領域についてよくまとめられているほか，教育場面でもよく話題となっている批判的思考についても触れています。

第3章 ほめることの大切さ

　私たちは子どものころに学校で先生からほめられてうれしかったという経験があったと思います。ほめられることは，気分の良いことです。また，テストで良い成績をとったときやスポーツ大会で入賞したときなどに，なんともいえない満足感を得たことがあるのではないでしょうか。このように，他者からほめられることや自分自身で達成感を体験することによって，私たちはもっとがんばろうと思ったりするのです。この章では，ほめることが学習の成立に重要であることを明らかにしていきます。

高校時代，生物の授業で**条件反射**という言葉を耳にしたことがあると思います。イヌがえさを食べているときにベルを鳴らすことを繰り返すと，イヌはベルの音を聞いただけで唾液を出すようになるという現象のことです。また，日常生活の中でも，条件反射という言葉は，しばしば用いられます。しかし，条件反射のことを知っている人も，条件反射の考え方が**学習のメカニズム**を理解するうえで非常に重要なものであることまでは，知らなかったのではないのでしょうか。

　心理学では，**学習**とは，「練習や経験の結果として生じる，比較的永続的な行動の変容である」と定義されます。ふつう，ベルの音を聞いてもイヌは唾液を分泌するようなことはありません。しかし，えさを食べているときにベルの音を聞くという経験を繰り返すうちに，ベルの音を聞いただけで唾液を分泌するという行動を獲得するのです。しかも，その行動は維持されます。このことから，条件反射が学習の定義に合致することがわかります。

　また，定義からもわかるように，心理学においては，学習という言葉には価値というものが含まれていません。したがって，英語や数学の学習だけでなく，たとえば非行といった社会的には望ましくない行動を獲得することも，それが経験の結果生じる比較的永続的な行動の変容であるならば，それは学習の一例ということになります。

　この章では，人間の学習メカニズムを理解するための基礎となる，4つの学習過程——古典的条件づけによる学習，道具的条件づけによる学習，観察による学習，自己強化による学習——について述べます。

1 古典的条件づけによる学習

> 古典的条件づけ

条件反射は，心理学では **古典的条件づけ** による学習の結果として説明されます。この現象について最初に研究を行ったのは，ロシアの生理学者パブロフ（Pavlov, 1927）です。

パブロフは，もともと，イヌを被験体として消化腺に関する生理学的研究を行っていました。その際に，食器の音や人の足音を聞いただけで，イヌが唾液を分泌することに，彼は気づいたのです。これは生理学的にはまったく説明のつかない現象です。そこで，パブロフは自分の考えた学習のメカニズムを明らかにするために，**図 3-1** に示すような実験装置を考案して，次のような手続きで実験を行いました。

被験体であるイヌにメトロノームの音を聞かせると，イヌは耳をそばだてるような反応をしました。しかし，音に慣れてくると，そのような反応をしなくなりました。イヌがメトロノームの音に慣れたのを見計らって，今度はえさとメトロノームの音を同時にイヌに提示するようにしました。イヌはメトロノームの音を聞きながらえさを食べることになります。いいかえれば，メトロノームを聞いているときには唾液が分泌していることになります。ほかの雑音を排除した実験場面で，このような状況を繰り返し被験体に経験させました。すると，やがて，イヌはメトロノームの音を聞いただけで唾液を分泌するようになることが確認されました。イヌは，メトロノームの音に対して唾液を分泌するように条件づ

図 3-1 パブロフの実験装置

図 3-2 古典的条件づけの成立過程

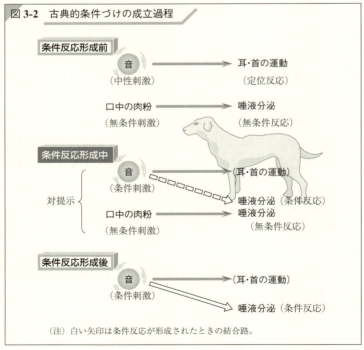

(注) 白い矢印は条件反応が形成されたときの結合路。

けられました。この条件づけは、後で紹介する道具的条件づけと区別し、歴史的に最初のものであるという意味で、古典的条件づけと呼ばれています。

古典的条件づけによる学習の成立過程を図示すると、図 3-2 のようになります。心理学の専門用語によって、説明することにします。無条件刺激（えさ）と条件刺激（メトロノームの音）を繰り返し同時に提示することによって、条件刺激（メトロノームの音）に対して条件反応（唾液分泌）が生起するようになったのです。このことは、無条件刺激（えさ）が、条件刺激と条件反応の関係を強化したということです。

学習された行動の消去　パブロフは、このような条件づけが成立した後で、条件刺激と無条件刺激を同時に提示することを止めるとどうなるかについても、調べています。無条件刺激であるえさを提示しないで、条件刺激（メトロノームの音）のみを与える手続きを繰り返しました。すると、イヌの唾液分泌の量がしだいに減少していき、最終的には唾液をまったく分泌しなくなりました。つまり、図 3-2 で示した条件刺激と条件反応の関係がなくなることになります。心理学ではこのことを消去と呼びます。学習の定義に照らしますと、消去によって生じた行動の変容も、新たな学習の結果であるということができます。

人間の古典的条件づけ　みなさんの中には、パブロフが明らかにした古典的条件づけによる学習の成立過程が人間の学習過程にも本当にあてはまるのだろうか、といった疑問をもった人もいるかもしれません。もちろん、古典的条件づ

けによって，人間の複雑な学習のメカニズムのすべてを説明できるわけではありません。しかし，古典的条件づけによる学習は，次の節で紹介する道具的条件づけによる学習と同様に，人間の基礎的な学習のメカニズムを説明する重要な考え方なのです。

それでは，ワトソンとレイナー（Watson & Raynor, 1920）が行った研究を紹介しましょう。彼らは，恐怖感が古典的条件づけによって学習される過程について研究しました。アルバートという名の生後9カ月の乳児を対象に，白ネズミ，白ウサギ，サンタクロースの白髭の仮面を提示し，アルバートがどれに対しても恐怖を示さないことを確認しました。

アルバートが生後11カ月になってから実験が始まりました。実験者はアルバートが白ネズミに触れようとしたときに，同時に大きな金属音を鳴らしました。このような音は人間にとって，特に乳児にとって，恐怖感を引き起こすものです。この手続きを2回繰り返しました。1週間後にも同じ手続きが5回繰り返されました。このような手続きの後，実験者はアルバートに白ネズミだけを見せました。このときには，金属音はありませんでした。それにもかかわらず，アルバートは白ネズミに対して恐怖反応を示しました。古典的条件づけによって，接触したいと興味をもっていた対象に対して恐怖感をもつことが確認されました。

しかも，そのような反応が白ネズミだけに現れたのではなく，白ウサギやサンタクロースの白髭の仮面などに対してもみられたのです。金属音は白ネズミと同時に提示されただけでしたが，その恐怖反応が白い毛をもつ他の対象に対してもみられたことになります。

この実験は，倫理上，問題のある研究だとは思います。実験が

行われた1920年当時は，研究倫理の問題はほとんど議論されなかったのでしょう。このような問題はありますが，恐怖感が古典的条件づけによって学習されることを明らかにしたという点では意義のある研究といえます。

　上で紹介した研究は，みなさんにも興味深いものだったと思います。たとえば，ゴキブリ嫌いの人は，幼少時にゴキブリを見て大騒ぎしているお母さんが怖くて，ゴキブリ嫌いになったのかもしれないのです。私たちがさまざまな対象（対人，対物，食べ物）に対して抱く恐怖感や好き嫌いなどの情動的な反応は，古典的条件づけによる学習によって説明できるものが少なくありません。また，レモンを見ただけで，あるいはイメージしただけでも唾液が出てくるのは，まさに古典的条件づけが人間にも生じることの証といえます。

古典的条件づけによる問題行動の治療

古典的条件づけは，アルコール依存症患者の治療に使われることもあります。治療には，嘔吐剤を用います。嘔吐剤は服用後しばらくすると気分が悪くなって，必ず嘔吐を引き起こします。嘔吐剤のこの性質を利用して，アルコール依存症患者に嘔吐剤とともにアルコールを飲ませるのです。アルコールを飲んでしばらくすると気分が悪くなって，嘔吐することになります。この手続きを繰り返すうちに，嘔吐剤（無条件刺激）→嘔吐（無条件反応）という関係のほかに，アルコール（条件刺激）→嘔吐（条件反応）という条件づけが成立し，その結果，アルコールを飲む行動が抑制されることになります。

　このように，古典的条件づけの考え方は学習理論の基本的なも

のであり、私たちの行動変容について理解するうえで重要なものなのです。

2 道具的条件づけによる学習

　　道具的条件づけ　　道具的条件づけについて体系的な研究を行ったのは、アメリカの心理学者スキナー（Skinner, 1938）です。彼は、**スキナーボックス**といわれる実験装置を作成し、ハトやネズミを被験体として、道具的条件づけの学習過程について調べるための多くの実験を行っています。

　ネズミを被験体とする場合には、図3-3に示すような装置（スキナーボックス）を用いています。ネズミがスキナーボックスの中にあるレバーを押すと、ペレット状のえさが出てくる仕組みになっています。空腹のネズミをスキナーボックスの中に入れると、そのネズミは空腹という動因を満たすためにボックス内を探索し、そのうちに偶然にレバーを押し、そのたびにえさが出てくることが起こります。しかし、ネズミはまだレバーを押すこととえさが出ることの関係を感知していませんから、その後も以前と同様にボックス内を探索し続けることになります。そのうちにまた偶然にレバーを押し、えさが出てくることになります。このように、レバーを押すことに対してえさを獲得する経験を繰り返すうちに、レバーを押すこととえさの関係に気づくことになります。すると、ネズミがレバーを押す頻度が一気に増加することになります。つまり、このような経験を通して、空腹のネズミはレバーを押すという行動を学習したことになります。

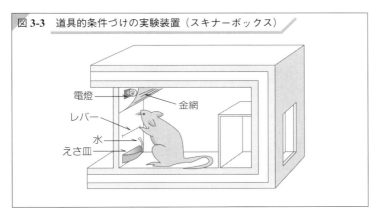

図3-3 道具的条件づけの実験装置（スキナーボックス）

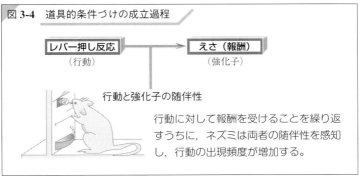

図3-4 道具的条件づけの成立過程

レバー押し反応（行動）　→　えさ（報酬）（強化子）

行動と強化子の随伴性

行動に対して報酬を受けることを繰り返すうちに，ネズミは両者の随伴性を感知し，行動の出現頻度が増加する。

　道具的条件づけによる学習の成立を図示すると，図3-4のようになります。それでは，この図に従って心理学の専門用語を用いて説明することにします。空腹という動因をもつネズミが，スキナーボックスの中でレバーを押すという反応（行動）を行うと，その反応に対してえさという報酬が与えられます。このような経験を繰り返すうちに，ネズミは行動と報酬の間に随伴性があることを学習し，報酬を得るためにレバーを押す行動を習得すること

2 道具的条件づけによる学習　53

になります。この現象は、報酬によってレバー押し行動が強化されたと説明することもできます。そして、その報酬は **強化子** と呼ばれます。

動機づけ

ネズミがスキナーボックスの中で道具的条件づけによってレバー押し行動を学習するためには、ネズミが空腹状態にある必要があります。満腹状態のネズミをスキナーボックスに入れても、おそらく、レバー押し行動を学習しないでしょう。道具的条件づけによりネズミに学習させるとき、えさへの強い動因をもたせるために平常体重の85％くらいにやせさせ、慢性的な空腹状態にさせます。えさに対して動因をもつネズミにとって、えさは誘因となります。空腹という動因がえさという誘因を求め、えさを得る手段としてレバー押し行動を学習することになります。この学習プロセスは、空腹がレバー押し行動の学習を動機づけると言い表すこともできます。

われわれ人間は、他者から賞賛されたいという動因をもっています。特に幼児や児童はこの動因を強くもっており、親や教師にほめられることが誘因となります。親や教師は、子どもたちが望ましい行動をしたときには、賞賛するものです。その結果、子どもたちは親や教師が賞賛する行動をとるように動機づけられることになります。

スキナーボックスのネズミではえさという物的報酬しか誘因となり得ませんが、人間の場合はほめる（言語的報酬）あるいは頭をなでる（身体的報酬）ということが誘因となります。

賞賛することは子どもの行動に対する報酬としての強化機能をもつだけではありません。その行動を賞賛することは、その行動

Column ❺ シェーピング

　道具的条件づけの考え方によれば，ある行動に対して報酬が与えられると，その行動が学習されます。その行動が被験体の行動レパートリーにある場合は条件づけが容易ですが，学習すべき行動が行動レパートリーにない複雑な行動である場合（たとえば，ハトにピンポンをさせる）には，そのような行動が生起する可能性がありませんから，シェーピングという方法を用います。

　ハトにピンポンをさせるという行動を最終的な目標行動とし，段階的にそこへ至るようにいくつかの下位目標を設定します。①ピンポン玉を見ること，②ピンポン玉をつつくこと，③ピンポン玉を前方へはじくこと……というような下位目標が設定されます。実験者は，最初は①の目標行動を学習できるように道具的条件づけを行います。ハトがピンポン玉を見ると即座にえさを与えます。その手続きを繰り返すことによって，条件づけが成立します。すると，①の行動に対してえさを与えることを止め，②の行動が偶然に現れたときに強化することにします。このような手続きで，最終的な目標行動を学習させることができるのです。シェーピングによって学習した2羽のハトの前にピンポン玉を置いてみると，2羽のハトがピンポンを始めることになります。それぞれのハトはピンポンをしているつもりはないのですが，私たちにはピンポンしているように見えるのです。

　シェーピングの考え方は，動物に芸を教えるときだけに有用なものではありません。新しい課題を習得するときには（たとえば，水泳，跳び箱，ピアノ，自動車の運転，スキーなど），シェーピングの考え方が有用であり，広い意味での教育場面で採用されているのです。

が望ましいことを伝える情報的機能も備えていることになります。そう考えると，子どもが望ましい行動をしたときに親や教師が随

伴的にほめることは，教育的にみても大切なことなのです。

> 学習された行動の消去

条件づけが成立した後で，レバー押し行動に対して報酬が与えられなくなると，ネズミの行動はどう変容するのでしょうか。報酬が与えられなくなった当初は，レバー押し行動を続けます。しかし，しだいにレバー押し行動の頻度は少なくなり，最終的にはそのような行動は生じなくなります。図3-4によって説明すると，行動と報酬の間の随伴性がなくなり，そのことを新たに学習したことになります。つまり，レバー押し行動は消去されたということです。

> 道具的条件づけによる
> 問題行動の治療

道具的条件づけの考え方を理解するうえで参考になる具体的な研究をひとつ紹介することにします。幼稚園の友だちと遊ぶことができない引っ込み思案の幼児を遊べるように治療した，バンデュラ（Bandura, 1967）の研究がそれです。

ふつう，幼稚園の先生はそのような子どもに対してどう接するでしょうか。おそらく，その幼児のところへ行って，その子どもに直接にやさしく働きかけ，ほかの友だちと遊ぶように促すでしょう。そして，その幼児がいやいやながらみんなのところへ入っていくと，通常はその先生の働きかけは減少したり，あるいはなくなったりします。

先生が幼児に対して直接にやさしく対応することがその子どもにとって報酬的意味をもつならば，このような常識的な対応は間違っているかもしれません。道具的条件づけの考え方によれば，先生のこのような対応は幼児の引っ込み思案行動に報酬を与え，

友だちと遊ぶ行動には報酬を与えないことになります。というのは，幼児が1人でいるときには先生を独占することになり（その行動は強化される），みんなのところにいると先生の注意が自分から離れるからです（みんなと遊ぶ行動は強化されない）。先生が常識的にとった行動は，逆効果ということになります。このような行動を治療するためには，むしろ先生は逆の行動をとるべきなのです。バンデュラのこの治療研究では，幼児が友だちといるときに先生が幼児との接触の機会を増やすことによって，問題行動の治療に成功しています。もちろん，最終的には，先生との関係が報酬となるのではなく，友だちとの関係が報酬となることが必要なのですが，いずれにしても人間の新たな行動の学習過程が道具的条件づけによって説明できることには変わりありません。

罰による行動の消滅

道具的条件づけにおいて，消去手続きのほかに，すでに学習した行動を生起させなくさせるもうひとつの方法があります。それは，罰を与えるという方法です。すでにレバー押し行動の学習が成立しているネズミに対して，レバーを押すと電気ショックや痛みといった罰を与えると，ネズミの行動はどう変容するでしょうか。罰の手続きが導入されると，レバー押し行動の頻度はしだいに減少し，最終的には消滅することになります。ネズミはレバー押しと電気ショックの間に随伴性のあることを学習し，レバー押し行動をとらなくなるのです。

消去によっても，罰による条件づけによっても，被験体が学習した行動を実行しなくなるという点では，2つの手続きの効果は表面上では同じと考えられます。しかし，これら2つの学習の本

質はまったく異なるものなのです。

　消去によりレバー押し行動が現れなくなることは，レバー押し行動が報酬と何ら随伴性をもたないために，そのような行動が消失するのです。したがって，消去された行動は文字どおり消滅しているのです。しかし，罰による行動の消失は，罰がなくなった場合に再び現れてくる可能性があります。つまり，その行動が実行されないだけで，習得されたままなのです。

　スキナーの実験はこのことをみごとに証明しています。スキナー（Skinner, 1938）は以下に示す実験によって検討しました。レバー押し行動をすでに学習したネズミを消去群（レバーを押してもえさが出ない）とスラップ群（平手打ち群という意味であり，レバーを押すとその前足が痛打される）に分けました。消去群では，1日目も2日目もレバーを押しても報酬が与えられません。スラップ群では，1日目の最初の10分間はレバーを押すとその足が打たれ，それ以降と2日目は何も与えられません（すなわち，消去群の手続きと同様です）。

　2日間のレバー押しの結果は図3-5に示すとおりです。横軸は1日目と2日目の2時間ずつの経過を，縦軸は計4時間の間にレバー押し行動を何回行ったかを示す累積反応数を表しています。スラップ群のレバー押し行動が1日目の当初は消去群に比べかなり抑えられていることがわかります。しかし，罰を与える手続きがなくなってしばらくすると，レバー押し行動が再び出現し始めます。2日目には，消去群のレバー押し行動の頻度がさらに低下するのに対し，スラップ群では1日目と変わらず行動が出現し続けていることが示されています。罰による条件づけはレバー押し行動が表面上遂行されないだけで，レバー押し行動は消え去らず

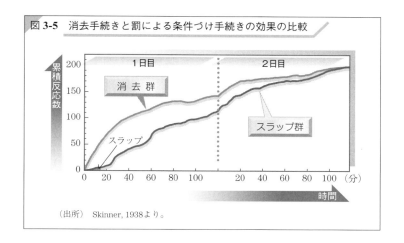

図 3-5 消去手続きと罰による条件づけ手続きの効果の比較

(出所) Skinner, 1938 より。

に依然として習得されたままであることが実証されました。スキナーはこの結果から，罰は望ましくない行動を変容させる有効な方法ではなく，むしろ情緒面で悪影響が生じる危険性があるとして，罰による行動変容のやり方を批判しています。

3 観察による学習

モデリング　　他者の行動をモデルとして観察することによって観察者の行動に変化が生じる現象は，これまで心理学では模倣・行動感染・社会的促進などと呼ばれてきました。バンデュラは，これらを総合的に把握する考え方として，**モデリング**という概念を提唱しました。

バンデュラら（Bandura et al., 1961）は，幼児を対象に，観察学習が生じるかどうかを調べています。攻撃的な行動を示すモデ

表 3-1　身体的攻撃行動と言語的攻撃行動の頻度

実験群 モデルの性別		攻撃モデル群 男性	攻撃モデル群 女性	非攻撃モデル群 男性	非攻撃モデル群 女性	統制群
身体的攻撃	男児	25.8	12.4	1.5	0.2	2.0
身体的攻撃	女児	7.2	5.5	0	2.5	1.2
言語的攻撃	男児	12.7	4.3	0	1.1	1.7
言語的攻撃	女児	2.0	13.7	0	0.3	0.7

（出所）　Bandura et al., 1961の結果より。

ルを観察する群，物静かな行動を示すモデルを観察する群，モデルを観察しない群の攻撃行動の頻度は**表 3-1**のとおりです。攻撃行動がモデルを観察することによって学習されること，同性のモデルの影響を受けやすいことが確認できました。

　また，バンデュラら（1963）は，どのようなモデルが学習に有効であるかについても調べています。幼児は4つのグループに男女同数になるように振り分けられます。大人モデルが攻撃的な発言や行動をしているのを実際に目の前で見たグループ，その場面を映像で見たグループ，アニメーションでイヌなどの動物キャラクターが攻撃的な発言や行動をしているのを見たグループ，あるいはモデルを観察しないグループ（統制群と呼びます）のいずれかに割り当てられます。そして，その後での被験者の攻撃的な発言や行動を測定しました。その結果は，**図 3-6**のとおりです。統制群の被験者の攻撃的行動の頻度と3とおりの実験グループの頻

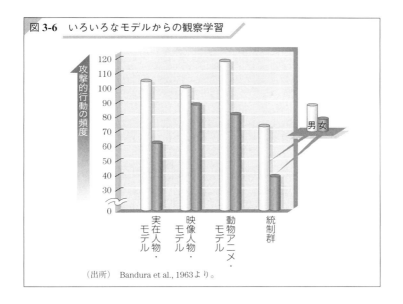

図3-6　いろいろなモデルからの観察学習

（出所）　Bandura et al., 1963より。

度とを比較すると、子どもの攻撃行動がモデル観察によって学習されることがわかります。また興味深いことにアニメのキャラクターが攻撃的行動をしているのを観察した男児が特に、攻撃的行動を高い頻度に行っていることもわかりました。この結果は、テレビのアニメ番組の子どもへの悪影響ということを考えると、示唆的な結果といえます。

観察学習　　モデリングによって成立する学習の様式は、**観察学習**と呼ばれています。最近では、モデリングという用語よりも、観察学習という用語の方が一般的に用いられています。

現代社会において円滑に生活するためには、私たちは実に多く

Column ⑥ テレビ番組の子どもの攻撃行動への影響

子どもがテレビのアニメ番組の主人公のしゃべり方を真似たり，主人公の品のよくない発言を真似たりして困るといった保護者の話を，これまでに聞いたことがあるかと思います。これはテレビをとおしてモデリングによる学習が生じていることを示す例といえます。また，子どもに限らずわれわれ成人も，テレビ番組の影響を多かれ少なかれ受けていることは確かなようです。

エロン（Eron, 1963）は，1960年に3年生児童（9歳）875名のテレビ番組の好みと攻撃行動について調査しました。子どもが好んで視聴しているテレビ番組名は，母親あるいは父親へのインタビューによって調べました。児童の攻撃性は，10個の具体的な攻撃行動を挙げ，それぞれのクラスでそのような行動を行うクラスメートを指名するという手続きによって測定しました。

暴力的場面が多いテレビ番組を好む児童とそうでない児童の攻撃性を比較した結果，男児ではテレビ番組と攻撃性とに関連があることがわかりました。しかし，女児についてはそのような関連はみられませんでした。

エロンら（Eron et al., 1972）は，10年後の1970年に，875

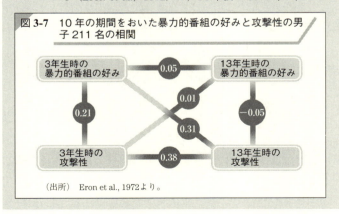

図3-7 10年の期間をおいた暴力的番組の好みと攻撃性の男子211名の相関

（出所） Eron et al., 1972より。

名のうち13年生（19歳）になった427名について追跡調査し，彼らの19歳時のテレビ番組の好みと攻撃性について調べました。このときはテレビ番組の好みについては被験者自身が報告しました。図3-7は，エロンらが1960年と1970年の男子のデータをまとめて再分析した研究結果です。

3年生男児では，好きなテレビ番組の暴力性と子どもの攻撃性の間に相関係数0.21という正の関係が認められました。この結果は，当然のことですが，エロン（Eron, 1963）の結果と同じ結論のものです。13年生時点での番組の好みと攻撃性の相関係数は−0.05であり，両者には関連がみられませんでした。

この研究で最も興味深いのは，図3-7の対角線上にある2変数の相関関係です。3年生時の攻撃性と13年生時の暴力的番組の好みとの相関はほぼゼロですが，3年生時の暴力的番組の好みと13年生時の攻撃性との相関は0.31もありました。本来，相関関係から因果関係を論じることはできませんが，2変数の一方が時間的に前に生じたことが明白である場合，因果関係を想定することは可能になります。すなわち，3年生時のテレビ番組の好みが10年後の攻撃性を予測したと考えられることになります。

このひとつの研究の結果だけでそれを一般化することはできません。また，エロンらの調査でとらえていない別の変数が影響した可能性もあります。しかし，この研究が子ども向けテレビ番組製作者に警鐘を鳴らす研究であることだけは間違いありません。

のことを学習する必要があります。それらの課題の一部は古典的条件づけや道具的条件づけといった直接経験によって学習しています。しかし，むしろ大部分の課題は，他者の行動を直接に観察したり，テレビやビデオを通して観察したりすることによって学

習することになります。新聞や雑誌の情報によって学習することもあります。人間は高い知的能力をもっており，このことが観察学習を可能にしていることはいうまでもありません。

　私たちは，観察学習によって，多くの課題を効率的に安全に学習することができるのです。交通事故を経験しなくても，その恐ろしさを学習することができます。友人が望ましくない行動を行い，教師に叱られているのを観察することによって，何をすべきなのかを学習することができます。また，望ましい行動を賞賛された友人を見ることにより，その行動への動機づけが高まることになります。これは代理強化と呼ばれる現象です。

　自らの経験を振り返ってみると，自分がこのような代理経験によっていかに多くのことを学んできたかがわかると思います。バンデュラは，人間が社会の中で生活しながら，まわりの環境との相互作用を通じて多くのことを学習していく過程を **社会的学習理論** としてまとめています。観察学習の考え方は，その理論の中心的な概念になっています。

4　自己強化による学習

　親や教師からの賞罰がなくても，私たちは自分自身に賞罰を与えることによって学習することができます。バンデュラは，**自己強化**とは自ら設定した基準に達したとき，自らコントロールできる報酬でもって，自分の行動を強めたり維持したりする過程である，と定義しています。バンデュラとパーロフ（Bandura & Perloff, 1967）は，自己強化の有効性を実験的に明らかにしてい

ます。子どもを被験者として、車輪を回すという運動課題を用いました。この実験装置は車輪を8回回すごとに5点の得点が与えられ、獲得した合計得点は表示ランプで示されるようになっていました。表示ランプには、5点、10点、15点、20点の4つがありました。被験者は自己強化群、外的強化群および統制群のいずれかにランダムに振り分けられます。自己強化群の被験者は5～20点までの4つの達成基準からひとつの基準を選択し車輪を回し始めます。得点が基準に達するとチャイムが鳴り、試行が終了します。そして、基準に達したときには賞と交換できるコインを自分で取るように指示されます。後は同じ手続きが繰り返されます。外的強化群では達成基準は外的に決められ、基準に達したときにはコインが自動的に与えられます。統制群では基準の設定手続きもコインによる強化手続きもなく、課題を遂行するだけでした。

車輪回しの作業量をまとめたものが、**図3-8**です。図からは外的強化条件の作業量が多くみえますが、統計学的に見れば自己強化群の作業量は外的強化群と有意な差があるとはいえませんでした。そして、これら2群とも、統制群よりも高い作業量を示していました。このことから、他者からの強化がない状況でも、児童が自己強化によっても学習可能であることが実証されました。

このように、人間が自分でコントロールできる賞罰によって自分自身の学習を促進することを、自己強化と呼びます。アトランタオリンピックの女子マラソン銅メダリストである有森裕子さんがレース後のインタビューで「自分で自分をほめたいと思います」と語った言葉は、あまりにも有名です。しかし、私たちは、学校での学習場面やふだんの生活の中で、有森さんと同じような

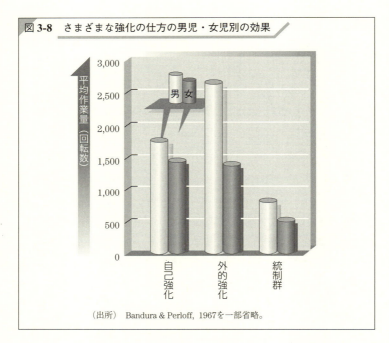

図 3-8 さまざまな強化の仕方の男児・女児別の効果

（出所） Bandura & Perloff, 1967を一部省略。

経験をしたことがあるはずです。乳幼児から小学校低学年ごろまでは，道具的条件づけによる学習が大きな役割を果たします。しかしながら，小学校中学年以降は成長するにつれて，学習における自己強化の役割が大きくなります。自ら学ぶ自律的な児童・生徒を育てるという学校教育の目標は，けっして難しいことではないと考えられます。というのは，彼らは自己強化機能をすでにもっている自律的な存在だからです。

自己調整モデル　バンデューラ（Bandura, 1977 b）は自己強化の考え方をさらに発展させ，**図 3-9** の **自己調整**（self-regulation）モデルの考え方を提唱しています。人

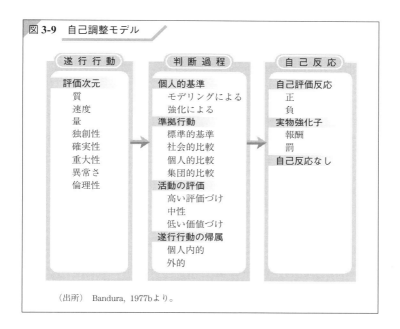

図 3-9 自己調整モデル

（出所） Bandura, 1977bより。

が自分で自分の行動をコントロールするために必要な遂行行動→判断過程→自己反応の3要素を示しています。

遂行行動とは遂行結果のことです。課題によって結果の評価次元は異なります。学校場面における課題には試験の得点や100メートル走のタイムなどのような量的次元で表されるものが多いようです。判断過程では，遂行行動の結果がさまざまな基準によって判断されます。100メートル走のタイムを個人的比較によって判断するならば，ベスト記録であるかどうかということになります。大きな大会参加のための標準記録をクリアしたかどうかという場合は，標準的基準との比較ということになります。また，その課題や行動の価値づけも重要な判断材料になります。判断過

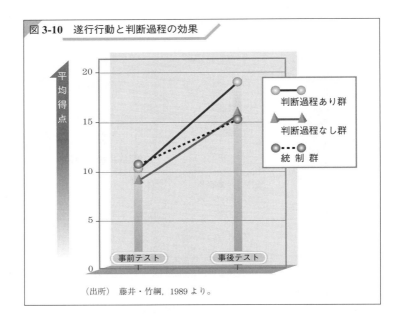

図 3-10 遂行行動と判断過程の効果

(出所) 藤井・竹綱, 1989 より。

程の結果，自己反応が生じ，それによって課題への動機づけが高まったり，低くなったりします。自己反応の内容は，物的報酬だけではありません。満足感や達成感，あるいは不満感や落ち込むといった自己評価反応が強化子となります。また，不満感を感じること＝罰というわけではなく，不満であるという自己評価反応が動機づけを高めることもあります。

自己強化するためには自分自身に強化子として物的報酬を与える必要があったため，自己強化が教育実践にそぐわないと考えられる面がありました。しかし，自己調整モデルによって自己強化の考え方が教育実践に適用できることが示されました。

竹綱（1984）の研究は，自己採点により遂行行動の結果を知ることによって児童が自律的に漢字学習へ動機づけられることを実

証しています（p.160参照）。藤井・竹綱（1989）は，竹綱（1984）の手続きとほぼ同様の手続きによって，中学生の英単語学習における自律的学習について調べています。自己採点により遂行行動の情報を得て，それについて判断する群（判断あり群），自己採点により遂行行動の情報を得るだけの群（判断なし群）および自己採点がなく遂行行動の情報をもたない群（統制群）を設け，3群の平均得点を比較しました。その結果は図3-10のとおりでした。判断過程あり群＞判断過程なし群＞統制群という関係でそれぞれの群間に統計的に意味のある差がみられました。このことから，自己調整モデルの3要素のうち，2つの要素（遂行行動の情報をもつこと，判断過程があること）の意義が中学生の通常の教科学習において明らかにされました。以上のことから，親や教師からの働きかけがなくても，児童・生徒が自己調整の3要素を確認できる状況を保障することによって，彼らが自律的に学習できることが示唆されました。

Column ❼ 自己強化手続きによる学級内での崩壊的行動をとる児童の行動変容

ボルスタッドとジョンソン（Bolstad & Johnson, 1972）は自己強化手続きによって，学級内で崩壊的な行動をとる小学校1,2年生の行動を変容させています。被験者は学級内で崩壊的な行動をとる児童が抽出されました。崩壊的な行動とは，授業中に席を離れたり，おしゃべりしたり，攻撃的な行動をとることです。

ボルスタッドらの研究は複雑ですので，このコラムでは簡略化して紹介することにします。実験は表3-2に示すように5期からなっています。児童は外的強化群と2つの自己強化群に割り当てられます。第1期は，児童の崩壊的行動のベースライン

(外的な治療的働きかけが何もない自然の状態)が測定されます。第2期では，3条件群とも外的強化手続きを受けます。つまり，崩壊的行動の減少に対して報酬としてポイントが与えられます。そのポイントは，その日の終わりにノートや鉛筆などの賞品と交換でき，ポイントが多ければ多いほど，高価な賞品を得ることができます。第3期では，外的強化群は第2期と同じ手続きですが，自己強化群は第2期での外的な報酬基準に従って，崩壊的行動の減少に応じて自己強化を行います。しかし，彼らの自己強化が適切に行われているかは，後でチェックされるようになっています。第4期では，自己強化群のチェック手続きがなくなるだけで，3群とも第3期の手続きを継続します。第5期では，3群ともに報酬手続きがなくなります。ただ，自己統制A群だけ，自分の行動を自己監視することを要求されます。第5期は，いわゆる自然な教室場面の状況ということになります。崩壊的行動の変容に成功したかどうかは，この第5期の行動によって検証できるのです。学級内での被験者の行動は平均して1日あたり22分間，観察されます。実験の結果は，図 **3-11** に示すとおりです。縦軸は，児童の1分間あたりの崩壊的行動の頻度を示しています。統制群は，今回の実験群とは別のクラスの崩壊的児童を，特別な処遇を行わず同じ期間観察した結果を書き入れたものです。

　第1期では，どの群も崩壊的行動の頻度が高いわけですが，外的強化が導入された第2期では，3つの実験群の崩壊的行動は激減しています。また，3群の児童の行動が改善されたことは，統制群の結果と比較すると明らかです。

　3つの実験群の間の違いが現れてくるのは，第5期です。外的強化がなくなった外的強化群よりも，自己強化群の方が崩壊的行動の減少が維持されました。特に，自己監視を続けた自己強化A群の児童の行動は最も優れていました。

　このように，児童の崩壊的行動は行動療法によってかなり改

表 3-2 実験群の手続き

実験群	第1期	第2期	第3期	第4期	第5期
外的強化群	ベースライン	外的強化	外的強化	外的強化	消去手続き
自己強化A群	ベースライン	外的強化	自己強化*	自己強化	消去手続き**
自己強化B群	ベースライン	外的強化	自己強化*	自己強化	消去手続き

（注）*外的なチェックあり．**自己監視を行う．

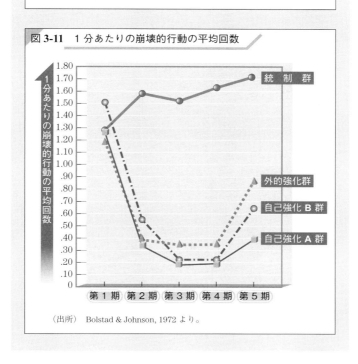

図 3-11　1分あたりの崩壊的行動の平均回数

（出所）　Bolstad & Johnson, 1972 より。

4　自己強化による学習

善されました。この実験での治療は,オペラント条件づけ療法と自己監視という認知的な技法とを組み合わせたものと考えられます。行動療法を基礎に認知的な技法を組み入れた方法は認知療法と呼ばれています（第12章参照）。

まとめ Summary

　この章では,条件づけによる学習と観察による学習の2つの学習理論を紹介しました。条件づけによる学習には,古典的条件づけと道具的条件づけがあります。条件づけによって学習が成立するには,強化子と呼ばれる報酬が必要不可欠です。したがって,条件づけによる学習は,強化による学習ともいわれます。道具的条件づけは,教師から児童・生徒への外的強化の影響をうまく説明しています。親や教師からの賞賛は学習成立の基本ともいえます。難しい課題をやり遂げたときの達成感は,自分自身への報酬と考えられます。すなわち,自己強化も強化による学習の一例なのです。観察による学習は,私たちが他者の行動を見ることによって,多くのことを学習できることを明らかにしています。実は,観察学習にも強化による学習の側面が含まれています。たとえば,友人のある行動が好ましい結果をもたらすのを観察した場合には,そのような結果をもたらさなかった場合よりも,その行動を習得する可能性は大きくなります。モデルが外的強化を受けたことにより,観察者に学習が成立することを,代理強化と呼びます。このように,親や教師がほめることは,学習の成立にきわめて重要なことなのです。さらに,人間は自分自身をほめるという自己強化によっても学習することができます。自己強化の考え方を発展

させた自己調整モデルは，教室場面における児童・生徒の自律的な学習プロセスを説明するものです。

参考図書

山内光哉・春木豊『グラフィック学習心理学――行動と認知』サイエンス社，2001
　●学習心理学において重要な条件づけや観察学習についての詳細な説明だけではなく，記憶や問題解決といった認知心理学の主要な概念も含まれています。グラフィックというタイトルが付いているとおり，図表等でわかりやすく記述されています。本章だけでなく，第1章，第2章の理解にも役立ちます。

岩本隆茂・高橋雅治『オペラント心理学――その基礎と応用』勁草書房，1988
　●道具的条件づけについて詳しく紹介されています。道具的条件づけが自発的なオペラント行動に基づくことから，本書の中では一貫してオペラント条件づけという用語が用いられています。道具的条件づけに関する多くの実験的研究の紹介だけでなく，臨床心理学や教育工学への応用についても記述されています。

第4章 「やる気」を考える

　　　　　何かひとつのことをがんばってやりとげるのはうれしいものです。人はどんなときに一番がんばるのでしょうか。逆にどんなときに一生懸命にやろうとする気がなくなってしまうのでしょうか。達成動機づけと呼ばれる問題に関して，この章ではいくつかの考え方を紹介しましょう。

1 期待―価値モデル

　子どもが難しいコンピュータゲームに取り組んでいる状況を考えてみましょう。この子はどのようなときゲームをやり続け，どんなときにゲームをやめてしまうのでしょうか。この子どもがなんでも物事を最後までやり通したい，という強い動機（**達成動機**）をもっていれば，ゲームをやり続けるでしょうし，ゲームをクリアできそうだ（**期待**）と思えば思うほど，またゲームをクリアしたときの喜び（**価値**）が大きければ大きいほど，がんばると考えられます。逆にできそうもないほど難しいゲームであったり，このゲームができてもそれほどうれしくないと思えば，やめてしまうでしょう。

　アトキンソン（Atkinson, 1964）は，成功に向けてがんばろうとする動機づけの強さは，その人のもつ達成動機の強さと成功できそうかどうかという見込み（主観的成功確率＝期待）と成功することの自分にとっての価値とによって決まると考えました。式にすると以下のようになります。

　　　　達成行動を行おうとする傾向＝達成動機 × 期待 × 価値

　達成動機の強さは，その人の性格的なものであって一定だとすると，動機づけの強さは期待と価値で決まることになります。

　さらにアトキンソンは，期待と価値の間に，期待が高いほど価値が小さい，という関係があると考えました（価値＝1－期待）。ゲームの例でいえば，簡単に成功しそうなやさしいゲーム（期待が高い）では，成功してもあまりうれしくない（価値が小さい），逆に

表4-1 期待・価値と動機づけの関係

期　　待	価　　値	達成行動傾向
0.1	0.9	0.09
0.2	0.8	0.16
0.4	0.6	0.24
0.5	0.5	0.25
0.7	0.3	0.21
0.9	0.1	0.09

できそうもない難しいゲーム（期待が低い）に成功すれば，喜びが大きい（価値が高い）というわけです。表4-1にさまざまな期待の値に対して，前述した式に数値を代入した例を示しました。表を見ればわかるように達成動機の強さが変わらないとすると，期待が0.5のとき行動傾向が最も高くなります。つまりできるかできないか五分五分のときに一番がんばる，ということが予想されます。やさしいゲームでは，できてもうれしくないし，難しすぎるゲームは，どうせできそうもないから，やる気がしないということです。

　実際アトキンソンとリトウィン（Atkinson & Litwin, 1960）は，輪投げの課題を使い，人は適度に難しい課題をやろうとすることを実験的に示しています。子どもに課題を与えることを考えると，やさしすぎる課題や難しすぎる課題は，子どものやる気をそぐことになるので，子どもが自分でちょっとがんばればできそうだと思う課題を選択して与えることが必要になります。

　ゲームは多くの子どもたちが喜んでやろうとするでしょうが，算数のテストを受けるのは，みんないやがるでしょう。人には課

題に向かっていく動機とともに，それを避けようとする動機もあると考えられます。アトキンソンは，課題を避けようとする傾向も，やはり適度な困難度の課題のときに最も強くなるといいます。テストなどに強い不安をもち失敗することを恐れる傾向の強い人の場合には，適度な難しさの課題を避け，やさしすぎる課題か難しすぎる課題を選ぼうとすると予想されます。やさしすぎる課題は，まず失敗することはないので安心ですし，難しすぎる課題は，どうせはじめからできそうもないのですから，たとえ失敗しても恥ずかしくないからです。

能力が明らかになること　適度に困難な課題に対して最もやる気が高まるのは，このような課題をやることによって，自分には何ができ何ができないかがよくわかる，つまり自分の能力を知ることができるからだと考えることもできます。やさしい課題に成功しても能力があるとはいえませんし，逆に難しい課題に失敗しても能力がないといいきれないからです。そうすると失敗を恐れる子どもが中程度の難しさの課題を避けようとするのは，自分に何ができ，何ができないのか，自分に能力があるのかないのか，が明らかになるのを恐れているからだ，とも考えられます。

　同じ課題をやるにしてもゲームのようなものだと考えておもしろがりながらやるのと，テストだと言われてやるのとでは課題の選び方が異なってくると思われます。テストだと強調され，不安が高まる状況では，自分の能力があからさまになることを恐れ，適度な困難度の課題を避けてしまうので，自分には何ができ，何ができないのかを学ぶ，貴重な機会を失ってしまうともいえるで

しょう。

2 統制感

達成動機の強さよりも、人のものの考え方（認知スタイル）が、実際にがんばるかどうかを決定しているのだ、という主張があいついで現れました。セリグマンの学習性無力感（Seligman & Maier, 1967），ロッター（Rotter, 1966）の内的—外的統制の考え方などがそうです。彼らは、自分の行動によって結果を左右できるという信念（**統制感**）が重要だと考えました。ここではそうした考え方を取り上げます。

> 学習性無力感

学習性無力感とは、無力感に陥って自分から何もしなくなるのは、その人がもともと「やる気のない」人間であるからではなく、経験によって学習された結果なのである、という主張です。セリグマンは、イヌに無力感を獲得させる実験を行ったのですが、それは以下のようなものでした。

まず一群のイヌをハンモックに吊るし、自分がどのような行動をとっても逃れることのできない電撃を繰り返し与えます（逃避不能群）。もう一方の群のイヌは、同じようにハンモックに吊るされ同じだけの電撃を受けますが、このイヌたちはパネルを押すことによって電撃を切ることができます（逃避可能群）。電撃を受けた24時間後にこれらのイヌは、別の学習課題を行います。合図の後しばらくして床から電撃が来るのですが、自分の肩くらい

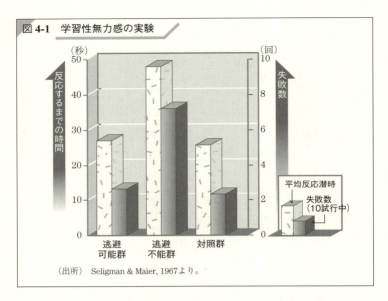

図 4-1 学習性無力感の実験

(出所) Seligman & Maier, 1967 より。

の高さの障壁を飛び越して隣の部屋に移れば，電撃を受けずに済みます。はじめの段階で自分で電撃を切ることのできたイヌは，このような状況を学習し，合図があればすぐに隣の部屋に飛び移るようになります。この学習のすばやさは，電撃を受けるという経験をまったくしていないイヌ（対照群）と変わりありません。これに対して自分で電撃を切ることができない，という経験をしたイヌは，自分からは何も行動を起こそうとせず，ただじっとうずくまっていた，といいます。ちょっと壁を飛び越えれば電撃を受けないで済むのにです（**図 4-1**）。

こうしたイヌは，自分が何か行動することと自分が望んでいる結果との間には何の関係もない，という行動と結果との**非随伴性認知**をもつようになったため，自分から行動を自発せず無気力になったのだ，とセリグマンは主張しました。彼の考えによれ

ば，無気力の本質は，自分の行動と結果との間には関係がないのだ，という考え方にある，ということになります。

　このような立場からすると，学習意欲が低下し，学校場面で無気力になっている子どもたちは，もともと「なまけもの」というわけではなく，良い成績をとりたい，わかるようになりたいと思っていても，自分が勉強することと成績が良くなることやわかるようになることとの間には，何の関係もない，という考えをもっているために，自分から勉強しようとしないだけだ，ということになるでしょう。コンピュータゲームに子どもたちが夢中になる要因のひとつは，ゲームではこの随伴性がはっきりしている，やればやるだけのことがある，という点にあるかもしれません。ヒーローが弱い敵をたくさん倒して「経験」を積んだり，いろいろな場所を探索して「アイテム」を獲得すれば，それだけ力がつき，その力は，次の敵との対戦においてはっきり目に見える形となって現れるわけです。それに対して学校場面，特に知的な学習においては，勉強することの成果を実感できる機会が乏しいといえるかもしれません。

　学習性無力感の実験の興味深い点は，同じだけ電撃を受けても，それを自分の行動で終わらせることができたイヌは，無力感に陥らなかったのであり，無気力になるのは，単に望ましくない嫌なできごと，つまり失敗をたくさん経験したからではない，ということです。その嫌なできごとと自分がすることとが，関係あるかどうかが重要なわけです。ドゥウェック（Dweck, 1975）は，このような考えに沿って，算数嫌いで算数に対してどうせできないと無気力になっている子どもたちを集め，問題に失敗してしまうのは自分の努力が足りなかったからだ，ということを実際に失敗

Column ❽ 算数嫌いの子どもたちの「訓練」

　算数が苦手で特に無気力だと思われる8歳から13歳の子どもを対象に「訓練」が行われました。訓練には2種類の方法があり，12名の子どもたちが6名ずつ，成功経験群と再帰属群とに分けられました。

　訓練は算数の問題練習を毎日15回行いますが，1回は1分で時間内になるべく多く問題を解くように言われます。また毎回基準が決められており，この数より多く解けば成功となります。成功経験群の子どもたちでは，基準がやや低めに設定してあり，毎回成功できるようになっています。たくさん成功を積んで自信をつけようというわけです。一方再帰属群の子どもの場合は，基準がやや高めで，2，3回は失敗するようになっています。そのとき実験者は，がんばりが足りなくて失敗してし

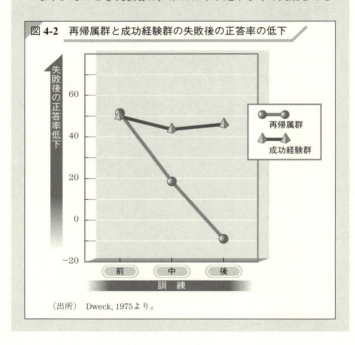

図 4-2　再帰属群と成功経験群の失敗後の正答率の低下

（出所）　Dweck, 1975より。

> まったのだということを強調します。
> 　こうした訓練を 25 日間行いますが，この期間の前，最中，後にあきらめやすさを調べるために行った実験の結果が図 4-2 です。図の縦軸は，失敗経験によって正答率がどれだけ低下するかを示しています。まず子どもたちは算数のテストを行います。次に子どもたちは算数の問題を解くように言われるのですが，難しい問題がわざと入れてあり失敗を経験させられます。その失敗経験の後に先ほどと同じテストを行い結果を比較します。算数が苦手でやる気を失っている子どもたちを集めているので，こうした子どもたちでは，失敗を経験するとその後のテスト成績が低下してしまいます。少し前にできていたものなのにできなくなってしまうわけです。そこでこの正答率の低下量を子どもたちのあきらめやすさの指標とし，訓練の前，最中，後に測定しています。
> 　図を見ると成功経験群では変化がありませんが，再帰属群では，明らかに減少しており，あきらめやすさが減り，粘り強く課題に取り組むようになったことが示されています。

を経験させながら強調する「訓練」を行いました。こうした子どもたちでは，一度失敗すると，あきらめやすくなり，以前できていた問題もできなくなってしまうような傾向があったのが，「訓練」後には，失敗してもあきらめずに，自分の力を発揮できるようになったといいます（*Column* ❽）。

内的―外的統制　　自分の行動と結果とが関係しているかどうかは，人によって考え方が違うでしょう。たとえば魅力的な異性に声をかけて，うまくデートできたと

します。そのときこれは自分が魅力的に振る舞ったからだ，と考える人もいれば，それは相手がたまたま機嫌が良かったので自分とは関係がないと考える人もいるでしょう。随伴性の認知についてパーソナリティの側面から考えたのがロッターの **内的―外的統制** です。一般的に結果が自分の行動や自分の特性に随伴しているという信念を内的統制信念，逆に望ましい結果が得られるかどうかは，運や偶然，あるいは運命や他の人々の力によるのであって自分とは関係がないという信念を外的統制信念と呼んでいます。「やればやっただけのことはある」という考えの強い人が内的統制的といえるでしょう。人は，極端な内的統制と極端な外的統制の中間におり，人によってその程度に違いがみられると考えられます。*Column* ❾は，どの程度内的統制か，あるいはどの程度外的統制かを調べるための尺度です。

　内的―外的統制信念の違いは，次に望ましい結果が得られるかどうかの期待に影響すると考えられます。先の例で内的統制的に考える人は，自分は魅力的に振る舞えるのだから，次もうまくいくだろうと期待が高まるでしょう。しかし外的統制的に考えれば，自分とは関係ないのだから一度うまくいったからといって，次もうまくいくとは限らないと考え，期待は必ずしも高まりません。また内的統制的であれば，魅力的に振る舞うために，相手の人がどういうものが好きかなど，さまざまな情報を集めようとするかもしれませんが，外的統制的であれば，そんなことを知っても関係がないので，相手のことを知ろうとはしないでしょう。このように内的統制的な人は，過去の失敗や成功から学び，さまざまな情報を積極的に収集し，それを未来に生かそうとするのに対して，外的統制的な人は，その場その場を「刹那的」に生きているとい

えるかもしれません。

自己効力

自分が何か行動すれば良い結果が得られるとは思うけれど，とても自分にはやれそうもない，ということはないでしょうか。毎日何時間も練習すれば，ピアノも上手になってそれで音楽大学に行けるくらいになるかもしれないけれど，そんなに練習できそうにないとか，少しダイエットすれば体にいいのはわかっているけれど，食事を制限することは自分にはできそうもない，といったことです。バンデュラ（Bandura, 1977 a）は，セリグマンやロッターが重視した，行動すれば結果を変えられるという随伴性の認知を結果期待と呼び，そのために必要な行動を自分がとれるかどうかの信念を自己効力と呼んで両者を区別しています。彼は，結果期待と自己効力の高低の組み合わせによって，どのように行動や感情が影響され

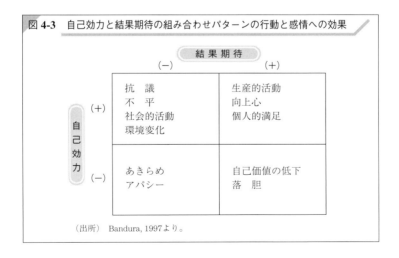

図 4-3　自己効力と結果期待の組み合わせパターンの行動と感情への効果

	結果期待 (−)	結果期待 (+)
自己効力 (+)	抗議 不平 社会的活動 環境変化	生産的活動 向上心 個人的満足
自己効力 (−)	あきらめ アパシー	自己価値の低下 落胆

（出所）　Bandura, 1997より。

Column ❾ Locus of Control（内的―外的統制）尺度

内的―外的統制の個人差を調べるための質問項目です。以下の項目を読んで，自分にあてはまるかどうか，「そう思う」「ややそう思う」「ややそう思わない」「そう思わない」のうち適切だと思うところに丸をつけてください。

1.	あなたは，何でも，なりゆきにまかせるのが一番だと思いますか。
2.	あなたは，努力すれば，りっぱな人間になれると思いますか。
3.	あなたは，いっしょうけんめい話せば，だれにでも，わかってもらえると思いますか。
4.	あなたは，自分の人生を自分自身で決定していると思いますか。
5.	あなたの人生は，運命によって決められていると思いますか。
6.	あなたが，幸福になるか不幸になるかは，偶然によって決まると思いますか。
7.	あなたは，自分の身におこることは自分のおかれている環境によって決定されていると思いますか。
8.	あなたは，どんなに努力しても，友人の本当の気持ちを理解することは，できないと思いますか。
9.	あなたの人生は，ギャンブルのようなものだと思いますか。
10.	あなたが将来何になるかについて考えることは，役に立つと思いますか。
11.	あなたは，努力すれば，どんなことでも自分の力でできると思いますか。
12.	あなたは，たいていの場合，自分自身で決断した方が，よい結果を生むと思いますか。
13.	あなたが幸福になるか不幸になるかは，あなたの努力しだいだと思いますか。
14.	あなたは，自分の一生を思いどおりに生きることができると思いますか。
15.	あなたの将来は，運やチャンスによって決まると思いますか。
16.	あなたは，自分の身におこることを自分の力ではどうすることもできないと思いますか。
17.	あなたは，努力すれば，だれとでも友人になれると思いますか。
18.	あなたが努力するかどうかと，あなたが成功するかどうかとは，あまり関係がないと思いますか。

	そう思う	ややそう思う	ややそう思わない	そう思わない
1.	1	2	3	4
2.	4	3	2	1
3.	4	3	2	1
4.	4	3	2	1
5.	1	2	3	4
6.	1	2	3	4
7.	1	2	3	4
8.	1	2	3	4
9.	1	2	3	4
10.	4	3	2	1
11.	4	3	2	1
12.	4	3	2	1
13.	4	3	2	1
14.	4	3	2	1
15.	1	2	3	4
16.	1	2	3	4
17.	4	3	2	1
18.	1	2	3	4

丸をつけて数字の合計得点を計算してみてください。得点は18〜72の間に入ります。

おおよその目安は次のとおりです。

```
18〜38    外的統制傾向
39〜46    やや外的統制傾向
47〜54    どちらでもない
55〜62    やや内的統制傾向
63〜72    内的統制傾向
```

(出所) 鎌原ほか,1982より。

るかについて，図4-3のようにまとめています。どちらも高ければ，積極的な行動が見られ，どちらも低ければ動機づけが低下し無気力や抑鬱状態に陥ります。これは学習性無力感の状態と考えられます。最初の例のように随伴性の認知があっても，自己効力はない，ということがありうるわけで，この場合困難を克服するように努力できないばかりでなく，本当はやればできるはずなのに自分はやれないので失望したり，劣等感を感じたりすると思われます。この状況が最も自尊心にとって脅威的な状況であると思われます。このような区別をすることで，同じように動機づけが低下し努力を放棄するような場面でも，引き起こされる感情の違いを説明できます。なお自己効力は高いのに結果期待が低い場合には，感情的には不満，不公平感を感じ，自ら行ったことに対して正当な結果が得られるように環境を変えようとする社会的な行動が起こると考えられます。

3 原因の考え方

　試合に負けたり，入学試験に落ちたりすると，なぜそうなったのか，自分の練習や勉強が足りなかったのか，そもそも自分に力がないのか，相手が強すぎたのか，などとその原因を考えるものです。成功や失敗をどのような原因に帰属させるのかという意味で，これを **原因帰属** と呼びます。練習不足からだと考えれば，もっと練習をするかもしれませんし，相手が強すぎたのだと考えれば，次はもう少し弱い相手と対戦することを考えるかもしれません。原因帰属の違いによって，その後の行動も異なってくると考

表 4-2　帰属要因の分類（二次元）

	安定的	変動的
内　的	能　力	努　力
外　的	課題の困難さ	運

えられます。

　成功や失敗の原因はさまざまに考えられますが，ワイナーら (Weiner et al., 1971) はこれを二次元4要因に整理しました（表4-2）。原因が安定しているかどうか，という次元と原因が内的なものか外的なものか，という次元です。能力は内的であり安定しているのに対して，努力は内的であり変動するものである，というわけです。

　このような原因帰属の違いは動機づけとどのように関係しているでしょうか。良い成績を能力に帰属すれば，自分には能力があるのだから，次も良い成績をとれるはずだ，がんばろう，という気持ちになるでしょうが，運に帰属すれば，たまたま良かっただけだから次はどうなるかわからず動機づけは必ずしも高まらないでしょう。小学生を対象にした樋口ら (1983) の研究は，成績の良し悪しについての原因の考え方が，期待や学習行動を媒介にして実際の成績に影響することを示しています（図4-4）。特に悪い成績を能力に帰属すると，能力がなくどうせ良い成績は得られそうにないと思って期待が低下し，その結果動機づけが低下して学習をしなくなる，学習をしないために実際に成績が悪くなる，成績が悪いとまた自分には能力がないからだ，と考えてしまう，と

3　原因の考え方

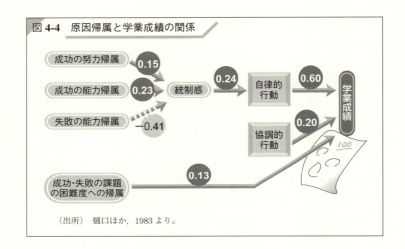

図 4-4 原因帰属と学業成績の関係

(出所) 樋口ほか，1983 より。

表 4-3 帰属要因の分類（三次元）

	統制可能		統制不可能	
	安定的	変動的	安定的	変動的
内的	ふだんの努力	一時的な努力	能　力	気　分
外的	教師の偏見	他者の日常的ではない援助	課題の困難さ	運

(出所) Weiner, 1979 より。

いう悪循環が起こることが示唆されます。最初の成績は特に違っているわけでなくても，このような原因帰属の仕方の違いが，実際の成績の違いを生む可能性がある，ということです。

　樋口らの研究では，「努力」は自分で変えることができる，という意味で他の要因と異なっているとして，内的─変動的な要因として「自分の気分や調子」を設定し，全部で5つの要因を用いています。ワイナー（Weiner, 1979）も同様の観点から統制

可能性の次元を導入し帰属要因を三次元8要因に拡張しています（**表4-3**）。

> **努力と能力**

このような研究やドゥウェック（Dweck, 1975）の研究からすると，失敗した原因を能力不足だと考えるのではなく，努力不足だと考えることが，動機づけの観点からは重要だということになります。しかし，保護者や教師は努力の重要性をしきりに強調しているにもかかわらず，動機づけの低下，無気力が現代の学校場面での大きな問題になっているのはなぜなのでしょう。その最大の理由は，いくら教師や保護者が「努力しなかったからだ」といっても，そのことが実感として子どもには受けとめられないからでしょう。相対評価的な状況は，自分の努力と成績とのつながりを感じにくいでしょう。随伴性にしろ原因帰属にしろ，それは子ども自身の認知，考え方ですから，子ども自身の経験をとおして獲得される必要があるのです。それとともに，努力を過度に強調することは次のような危険も伴っているのです。

いまある結果について，努力と能力という2つの原因が考えられるとしましょう。2つの原因からどのように結果が引き起こされるかについて**表4-4**のA，Bの2つの場合を考えることができます。Aはたとえば，歴史的な発明や発見をするという場合です。このようなことをするためには，努力も能力もともに必要になるでしょう。しかし，学校の試験で良い成績をとるのは，これより簡単で，Bのような状況かもしれません。Bでは一方の原因があれば，結果が得られます。つまり，能力があればそれほど努力しなくてもいいかもしれないし，能力があまりなくても努力すれば

表 4-4　因果図式①

A	努力した	努力しない
能力　あり	成　功	失　敗
能力　なし	失　敗	失　敗

B	努力した	努力しない
能力　あり	成　功	成　功
能力　なし	成　功	失　敗

よい成績を得られるかもしれない，というわけです。

　Aの状況では，ある結果が起こった，たとえば歴史的な発明をした，ということがわかれば，2つの原因がともに存在する，つまり能力もあり努力もした，と考えることができます。ところがBの場合は，結果が生じたことがわかり，さらに一方の原因が存在することがわかっても，他方の原因が存在するかどうかは本来わかりません。しかし，このようなとき私たちは一方の原因が存在するといわれると，他方の原因は存在しないと考える傾向があります。「A君は良い成績をとり能力がある」といわれるとあまり努力しなかったのだろうと推測し，逆に「A君は良い成績をとり努力した」といわれると能力があまり高くないと考える傾向があるわけです。これを **割引原理** といいます。割引原理のために努力を過度に強調することは，能力がないと思われているのだというメッセージとして受け取られる危険があるわけです。

　そこで努力することをあまり人にはみせない，あるいは努力を

放棄してしまう，といった現象が起きます。あまりできそうにない試験の前日にわざわざ友達と夜遅くまで遊びに行ったりするわけです。この場合試験ができなくても前日遊んでいたからだと自分に釈明できますし，万一試験がうまくいったら努力していないのにできたのですから自分には能力がある，ということになります。このように能力があるというイメージを維持するために自ら努力を放棄してしまうことを セルフハンディキャッピング と呼んでいます。

4 内発的動機づけ

コンピュータゲームに夢中になっている子どもたちがいます。彼らは，ゲームに勝って賞金をもらうわけでもなければ，ほめられるわけでもなく，たいていは叱られさえするのに，暇をみつけては熱中しています。このように何か報酬を得ようとして活動するのではなく，活動そのものが楽しくて活動している状態を「内発的に動機づけられている」といいます。これとは逆に，お金を稼ぐために，あるいはほめられるから活動する場合は，外的な報酬によって動機づけられているわけです。

子どもが興味をもって行うのはゲームだけで，勉強は嫌いなのでしょうか。強制される「勉強」は確かに嫌いかもしれませんが，小さな子どもは文字や数字に強い興味を示し，自分も書くんだと，ところかまわず変ななぐり書きをして，親を困らせるのではないでしょうか。少しまともな字が書けたら子どもは大喜びです。小さい子どもだけではなく，大人でもはじめて外国語を習って実際

に自分が使った言葉が通じるととてもうれしいものです。私たちは本来，何か新しいことを学ぶ，わかるようになること，できるようになることが好きなはずなのです。それなのに学校での勉強が嫌いな子どもたちが大勢います。それはどうしてなのでしょう。

外的報酬の阻害効果　内発的に動機づけられているときに，報酬が与えられるとどうなるのでしょうか。この点についてデシ（Deci, 1971）の興味深い実験があります。彼は大学生を対象に立体的なパズルを課題とする実験を行いました。実験の全体は3つのセッションに分かれています。第1セッションではただ単にパズルを解くだけですが，第2セッションでは，実験群の学生は，1つの課題を制限時間内に解くことができたら，1ドルの報酬が与えられると告げられます。統制群の学生は，このようなことは言われません。さらに第3セッションでは第1セッションと同様，単にパズルを解くだけで，報酬は与えられません。それぞれのセッションで実験者は適当な口実をつくって，一時的に実験室を離れ，学生には何をしてもよいと言います。この自由時間にどのくらいの時間，パズルを解いたかが観察されました。何をやってもよい時間にパズルを解いていたら，パズルに対して内発的に動機づけられていると考えられるでしょう。

結果は図4-5のとおりです。実験群では，第2セッションでパズルに従事する時間が増大しますが，第3セッションでは第1セッションよりもかえってパズルに従事する時間が減少しています。統制群ではそのようなことはありませんから，第3セッションでパズルをやらなくなったのは，単に同じようなものを繰り返しやって飽きたからではなく，第2セッションで課題の成功に

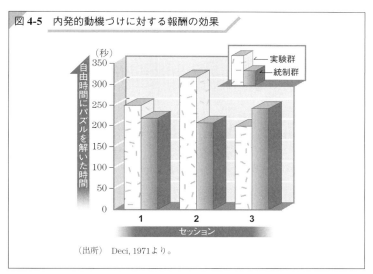

図 4-5 内発的動機づけに対する報酬の効果

（出所） Deci, 1971より。

表 4-5 因果図式②

	興味あり	興味なし
報酬　あり	行動する	行動する
報酬　なし	行動する	行動しない

対して報酬が与えられたからだということがわかります。この実験は，内発的に動機づけられている行動に対して報酬を与えると，その後最初の水準より内発的動機づけが低下してしまうことがあることを示しています。

どうしてこのようなことが起こるのでしょうか。前節では，結果についての原因を考えましたが，今度は行動の原因を考えてみましょう。人はなぜある行動をするのでしょうか。その原因に

は，好きだからといった内的な要因と，それをすることで報酬が得られるという外的要因が考えられます。どちらか一方の原因があれば行動するでしょうから，ここでも表4-4 Bと同様の因果図式が考えられます（**表4-5**）。そうしてここでも割引原理が働くと考えられます。もともと報酬がなく好きでやっていた行動に対して，報酬が存在するようになると，自分の興味を割り引いて考える，つまり好きだからやっているのではなく報酬のためにやっているのだ，と自分で考えるようになるというわけです。

第3章で見たように，報酬は行動を動機づけます。特に生起確率の低い，何もしなければ自発されそうにない行動に対しては有効です。しかし行動が内発的に行われている場合には，報酬を与えるとそれがなくなったときに動機づけが損なわれる危険があります。どのような場合に報酬は動機づけを促進し，どのような場合に阻害するのでしょうか。デシ（Deci, 1975）は，報酬には**情報的側面**と**制御的側面**の2つがあるといいます。情報的側面とは，報酬はそれが与えられることによって，あなたが行っていることは「正しいことだ」というメッセージを伝えている，ということです。制御的側面とは，報酬は，それを与えたり与えなかったりすることによって，相手の行動を制御しようとする側面のことをいいます。報酬が情報的なものとして受け取られると，自分が行っていることは「正しい」といわれているわけですから，有能感が高まり動機づけも高まります。逆に制御的なものとして受け取られると，自分は好きだからやっているのではなく報酬のためにやっているのだ，という行動についての原因帰属の変化が起こり，動機づけが低下します。一般に金銭や物品などの物質的報酬は制御的に，ほめるなどの言語的報酬は情報的なものとして受

け取られる傾向があるといわれています。報酬をどのようなものとして受け取るかは子どもの側の問題ですが，物質的な報酬の用い方には注意が必要だといえるでしょう。

学習の目標

子どもたちに，なぜ学校で勉強するのか，と聞いてみると，その答えは，大雑把に3つに分類することができます（樋口, 1986）。ここではそれを **習熟目標**, **遂行目標**, **承認目標**と呼ぶことにします。習熟目標とは，「何か新しいことを学びたい」「新しいことにチャレンジしたい」という学び，熟達することを目標とするものです。遂行目標は「良い成績をとりたい」「良い学校に行きたい」といったもので，ほかの生徒との比較のうえでより優れた能力を示すことを目標とするものです。最後に承認目標とは「親や先生にほめられたい，叱られたくない」「友達に好かれたい」というように，親・教師・友人からの承認を得ることを目標とするものです。習熟目標は，最も純粋に学習に対して内発的に動機づけられているといえるでしょう。それに対し承認目標は，他人からの承認という外的な報酬を求めているという意味で外発的といえるでしょう。遂行目標も「良い成績」や「良い学校に入る」という望ましい結果を求めているわけですが，これは学習そのものと関連しており，またこうした結果はかなり長期的なものなので，遂行目標の強い子どもたちは，直接金銭や賞賛といった報酬がなくとも勉強をするという意味では「内発的」といえるでしょう。

このような学習の目標の違いは，子どもたちの行動にどのように影響するのでしょうか。習熟目標と遂行目標について検討した

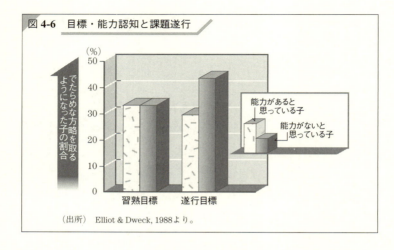

図4-6 目標・能力認知と課題遂行
（出所） Elliot & Dweck, 1988より。

実験を紹介しましょう。まず子どもたちに認知的な課題の結果について偽りのフィードバックを与え，ある子どもには「自分は能力がある」と思わせ，別の子どもには「能力がない」と思わせます。その後別の課題を行うのですが，そのとき目標を操作します。遂行目標条件では，この課題では新しいことを学ばないかもしれないが子どもが何ができるかを知ることができる，といわれます。習熟目標条件では，誤りをおかすかもしれないが新しいことを学ぶことができると教示されます。実験者はこの課題で強制的に失敗経験をさせ，課題への取り組み方がどのように変化するかを調べました（図4-6）。この図からわかるとおり，遂行目標条件でしかも自分には能力がないと思っている子どもたちは，失敗経験をするとすぐにいい加減なやり方をするようになり，無力感を示しました。「能力がない」というのは，偽のフィードバックでそう思わされただけで，実際の能力が，他の群の子どもたちと異なっているわけではないのにです。逆の見方をすると自信がなくても

習熟目標条件では無気力な行動は示されていません。

また遂行目標条件では，努力と能力の間に割引原理が働くが，習熟目標条件では，努力をしたという情報が与えられても能力の推定が割り引かれない，という報告もあります。習熟目標においては，何か新しいことを学ぶことによって能力は増大するのであり，能力は努力によって改善されると考えられるからです。失敗は，新しいことを学ぶために必要な情報を提供してくれているのです。これに対して遂行目標においては，能力は固定的に考えられ，失敗は能力のなさを示すことになります。自分の能力に自信をもてない子どもたちの動機づけを考えれば，失敗が能力のなさを意味しない，習熟目標的な環境が重要だといえるでしょう。

まとめ **Summary**

人はどのようなときにがんばろうという気になるのでしょうか。達成動機づけに関する期待—価値モデルでは，成功できそうだという期待と成功したときの喜びの大きさ（価値）によって決まると考えます。また勉強したり，努力したりする自分の行動によって結果の良し悪しが変わるという統制感をもっていることが，「やる気」を生み出すもうひとつの要因です。さらに，成功とか失敗の原因をどのようにとらえるのかも動機づけに大きく関係しています。

報酬を与えることは，行動への動機づけを高めると一般に考えられます。しかし，ときには報酬を与えることが動機づけに対して阻害的に働くことがあります。これは報酬が与えられることで自分が自分の行動を決定しているという感覚が弱められるからだと考えられます。

 参考図書

宮本美沙子・奈須正裕編『達成動機の理論と展開——続・達成動機の心理学』金子書房，1995
- 達成動機に関する主要な理論的立場について，要領よくまとめられています。本章ではふれられなかった達成動機の測定や自尊心についても述べられています。

ピーターソン，C・マイヤー，S. F.・セリグマン，M. E. P.（津田彰監訳）『学習性無力感——パーソナル・コントロールの時代をひらく理論』二瓶社，2000
- 学習性無力感理論を提唱したセリグマンの著書の邦訳です。理論の出発点となった実験的研究だけではなくその後の原因帰属理論を取り入れた説明スタイルの考えも展開しています。

デシ，E. L.・フラスト，R.（桜井茂男監訳）『人を伸ばす力——内発と自律のすすめ』新曜社，1999
- 内発的動機づけ研究に大きな影響を与えたデシが，自らの理論を一般の読者向けにわかりやすく書いた本です。

鹿毛雅治『学習意欲の理論——動機づけの教育心理学』金子書房，2013
- 動機づけについてのさまざまな理論を，認知論，感情論，欲求論という3つの視座から整理しています。学習意欲という観点から動機づけの理論を概観しており，教育実践への示唆に富む書となっています。

第5章 学級という社会

　　　　　小学生時代や中学生時代を思い出してください。どのようなことを思い出しますか。どんな勉強をしたかということよりも、多くの友人や先生の顔を思い出すのではないでしょうか。おそらく、その大部分は、同じクラスの級友であり、担任教師だと思います。
　学校ではさまざまな教科について学習します。しかし、いまになって考えると、級友、他のクラスの友人や先輩、あるいは多くの教師との悲喜こもごものふれあいから、いかに多くのことを学んだかを、みなさんも実感するのではないでしょうか。

1 学級集団の特殊性

　学級における集団成員間の相互的な影響力や学級集団が各成員に与える影響を理解するのに、社会心理学や集団心理学において明らかにされた知見が役に立ちます。たとえば、この章で紹介するリーダーシップや同調行動に関する実験的研究は、教師や児童・生徒の行動の一面を的確にとらえています。

　どんな集団であっても集団独自の特徴というものをもっているものですが、学級集団は他の一般的集団にはない、いくつかの特殊な特徴をもっています。公立学校では、学級集団はある地域内に居住している、ある限られた期間に生まれた児童・生徒を、1学級何人以内という原則に従って、いくつかの学級に分散させることによって構成されています。つまり、学級集団は成員の意思によってではなく、ある意味では偶然によって決められているのです。そして、そのような手続きで決められた集団の中で、その集団の一員として過ごすことになります。

　集団ができると、成員によって支持された者がリーダーとなります。しかし、学級集団には成員が選んだとは言えない1人の大人（担任）がリーダーとして集団に参加しています。この章の中で、大人のリーダーが子どもの成員に及ぼす影響力がいかに大きいかということを示した研究を紹介します。

　私立学校では、成員の学力や親の社会経済的背景や教育についての考え方のばらつきなどが小さくなり、居住地域もやや広くなりますが、学級集団固有の特徴をもっていることには変わりはあ

りません。

　学級集団の心理学は社会心理学の知見に負うところが少なくありませんが，集団としての特殊性のため，学級集団独自の知見も数多くあります。この章では，教室の中で生じる教師と生徒の関係および生徒の人間関係について述べることにします。

2　教師─生徒関係

教師期待効果　まず最初に，ローゼンタールとジェイコブソン（Rosenthal & Jacobson, 1968）が行った研究を紹介することにします。彼らは，幼稚園と小学校を併設している学校の協力を得て，以下のような手続きで研究しています。年度末の6月に，小学校入学前の幼稚園児と小学校1年生から5年生の子どもたちに，能力開花テスト（将来伸びる子どもを見つけ出すテスト）開発のための予備調査に協力してもらいました。新学期が始まる直前に，新1年生から新6年生までの担任教師は研究者とのプライベートな会話の中で，能力開花テストで好成績だった児童の名前を研究者からほのめかされました。このやりとりによって，担任の教師は，伸びる可能性のある児童の名前を知ることになりました。研究者がこの研究の中で行った教師への働きかけは，これだけでした。実は，この研究には，2つのからくりがありました。ひとつ目はテストの効能についてです。このテストは将来伸びる子どもをみつけだすという目的で開発されたものではなく，当時あまり知られていない単なる知能テストだったのです。2つ目は指名された子どもの選択方法です。伸び

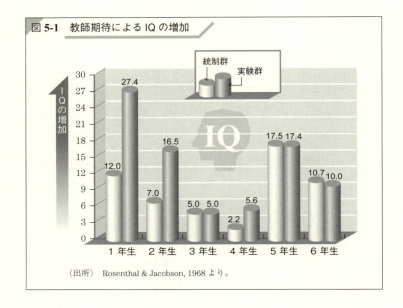

図 5-1 教師期待による IQ の増加

（出所） Rosenthal & Jacobson, 1968 より。

るとして指名された児童は必ずしもテストで好成績だったわけではなく，クラスの中からランダムに選ばれたにすぎなかったのです。

　12 月になって，再び，その能力開花テストと称する知能テストが実施されました。6 月と 12 月の学年ごとの知能指数（IQ，第 9 章を参照）の増加の平均は図 5-1 のとおりでした。実験群が期待された児童のグループで，統制群はそれ以外の児童のグループです。1 年生と 2 年生で，教師が伸びると思っていた児童（ランダムに選ばれただけで,何の根拠もなかった）の知能テストの成績が，特に上昇していました。また，児童の活動への知的好奇心の程度についての教師評定の結果は，図 5-2 に示すとおりでした。この結果から，期待した児童が知的好奇心にあふれる児童と評定され

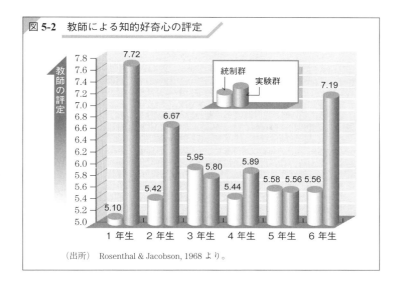

図 5-2 教師による知的好奇心の評定

（出所） Rosenthal & Jacobson, 1968 より。

ていることがわかります。このデータが教師の主観的評定から得られたことを考えると，これは当然の結果ともいえます。しかしながら，図 5-1 の結果は，知能テストという客観的指標において教師の期待の効果が見られたことになります。期待しているだけで知能が伸びたというこの結果は，驚くべき知見といえます。

この**教師期待効果**は，**ピグマリオン効果**とも呼ばれています。この命名は，ギリシャ神話の逸話に由来しています。キプロスのピグマリオン王は自分でつくった乙女像に恋をし，その像が生きた女性になるよう願っていました。女神アフロディアがこのことを哀れみ，その像に命を与え，王の願いがかなえられました。

この研究が発表された当時，教育界は大きな衝撃を受け，その後たくさんの追試研究が行われました。しかしながら，それらの結果はさまざまであり，ローゼンタールとジェイコブソンの研究

を支持する結果と支持しない結果が報告されています。ローゼンタールらの研究のように実験者が期待を操作する研究では，特に一貫した結果が得られていません。しかし，教師が児童に対して自然にもつ期待を取り扱った研究では，おおむね，教師期待効果が見出されています。教師が児童に必ずしも同等に期待していないであろうという現実を考えると，この教師期待効果は教育実践場面に重要な問題提起をしていると考えられます。

教師期待効果が生じるのはなぜか

なぜ，教師期待効果が生じるのでしょうか。ブロフィーとグッド（Brophy & Good, 1974）は，教師が期待している児童とそうでない児童の名前を挙げてもらい，そのような児童の教室行動を観察するという名目で学級の様子を観察しました。しかし，この観察では，児童の行動だけでなく，教師と児童の相互作用も観察されたのです。期待している児童と教師との相互作用，および期待していない児童と教師との相互作用の内容とその行動頻度を数値化したものは，表5-1 に示した結果のようになりました。この表から，教師はそれぞれの児童に対して異なる態度で接していたことがわかります。たとえば，期待されている児童は，正答するとほめられる割合が高く，誤答の場合に叱られる割合が低くなっています。表で示された教師行動や相互作用の違いはすべて，期待されている児童が有利になる方向での違いであると判断されるものでした。しかも，教師は，自分がこのような弁別的な行動をとっていることに気がついていませんでした。教師のこのような行動が暗黙のうちに児童の動機づけに影響し，学習内容の理解に反映することによって，実際の児童の知能テストや学業成績に

表 5-1 教師の期待の違いによる行動の差

項　　目	教師の期待 低いグループ	教師の期待 高いグループ
読みの学習の間に指名された回数	4.79	3.29
児童から始められた手続き上の接触	3.17	5.13
児童から始められた勉強に関係した接触	1.79	7.38
教師による行動批判の数	4.92	2.04
児童から始められた反応機会の合計	7.92	16.04
児童が反応機会を得るために挙手した回数	8.88	16.67
正答が教師にほめられたパーセント	3.88	11.00
誤答が教師に叱られたパーセント	24.33	10.75

(出所) Brophy & Good, 1974 より。

影響したと考えられます。

学級場面において,教師は意識することなしにこのような弁別的行動をとるものなのでしょうか。シルバーマン(Silberman, 1969)の研究は,別の観点からこの問題にアプローチしています。教師が児童に対してもつ態度(関心,好意,無関心,拒否)を測定し,その後それぞれの教師がその対象の児童にどのように対応しているかについて調べています。その結果,好意をもっている児童に対しては,彼らが学業的に問題をもっていても寛大に接し,拒否している児童に対しては否定的な態度で接することが見出されました。

これらの研究は,教師の偏愛・ひいきということが教室内に存在していることを示唆しています。しかしながら,すべての教師がこのような行動をとっているわけではないことも,明らかにさ

れています。力量のある優れた教師は，教師がもっている期待や関心の違いが弁別的な態度や行動として表れないだけでなく，それぞれの児童の個性に応じた対応をしていることを見出した研究もあります。この節で紹介した研究は，教師や教師を目指す学生にとっては耳の痛いことかもしれませんが，真摯に受け止めるべき問題であり，教師の力量が問われる問題です。

3 学級雰囲気

|リーダーとしての教師の影響力|

　この章の最初の節で学級集団の特殊性について述べ，1人の大人（担任教師）がリーダーとして学級集団に参加することを挙げました。そしてそのリーダーの考え方や振る舞いが児童・生徒にさまざま影響を与えることを示唆しました。この節では，この示唆の根拠となる知見を見出した研究を紹介することにします。

　リピットとホワイト（Lippitt&White, 1958）は，10歳の少年5人からなる複数の集団を作りました。それぞれの集団には1人の成人リーダーが割り当てられ，そのリーダーの下で少年たちは活動しました。彼らに与えられた課題はお面作りやプラモデル作りなどの工作課題でした。

　リーダーには独裁型，民主型と放任型の3タイプが設定されました。独裁型のリーダーは，作業の方針一切を決定し作業の手順をそのつど権威的に命令しました。また，成員が一緒に作業を行う相手もリーダーが決定しました。民主型のリーダーは，あらゆる方針を集団の討議によって決定し，リーダーはこのことを激励

表 5-2 リーダーシップのタイプごとの生徒の認知変数の平均値

集団目標達成機能 集団維持機能	高い 高い	高い 低い	低い 高い	低い 低い	全体平均
授業満足度 学級連帯性	3.6 11.1	2.9 10.2	3.4 10.3	0.8 7.7	2.7 9.9
教師の人数 生徒の人数	20 763	14 565	15 570	17 600	

(出所) 三隅・矢守,1989 より。

し,援助しました。そして,成員は作業の相手を自由に選ぶことができ,仕事の分担は集団に任されていました。放任型のリーダーは,決定を成員にまかせ,作業のための材料を提供し求められれば情報を提供することは明言するものの,作業にはまったく参加しませんでした。観察で得られたデータから,独裁型のリーダーの下ではリーダーへの依存度が高まった反面,仲間同士の攻撃的言動が多くなり,弱い者いじめがみられました。民主的なリーダーの下では集団内の人間関係が良好で,仲間同士のほめ合いなどの集団意識的な発言が多くみられました。放任型リーダーの下では,工作とは無関係な会話が多くなり,作業の出来は民主的なリーダーよりも質量ともに劣っていることがわかりました。

リピットとホワイトの実験結果は,教師のリーダーシップが児童・生徒に何らかの影響力を持つことを暗示しています。学級集団においても,このようなことが生じるのでしょうか。三隅と矢守(1989)は,学級担任のリーダーシップとそのクラスの生徒の認知(たとえば,学級連帯性)を測定する質問紙を作成し,66クラスの中学生に課しました。教師のリーダーシップは集団目標

達成機能(生活・学習に対する規律,授業に対する厳しさ,熱心な学習指導)と集団維持機能(生徒への配慮,親近性)の2側面を測定し,生徒の認知については授業満足度や学級連帯性を測定しました。教師のリーダーシップの影響を調べるために,教師のリーダーシップは2側面を組み合わせて4つのタイプに分類しました。教師のリーダーシップのタイプと生徒の認知の関係は,**表5-2**にまとめたとおりです。教師のリーダーシップの集団目標達成機能が低く集団維持機能も低いタイプのクラスの生徒は,他の3タイプのクラスの生徒よりも学級連帯性(クラスはまとまっている,クラスに弱い者いじめや仲間外れはない)と授業満足度(授業をおもしろいと思う,授業を熱心に聞いている)がきわめて低いことがわかりました。教師のリーダーシップ2側面のうちどちらか一方が高ければ問題はないものの,2側面共に低い教師については指導力に問題があったと言わざるを得ない結果が得られました。

それでは,リーダーシップとは異なる視点から学級雰囲気の影響力の大きさを指摘した2つの考え方を紹介することにします。

> 学級の学習目標による
> 学級雰囲気

エームズとアーチャー(Ames & Archer, 1988)は,学級雰囲気を達成目標の観点から整理し,習熟志向的な目標と遂行志向的な目標に分類しています。それぞれの雰囲気の特徴は**表5-3**のとおりです。これら2とおりの学級雰囲気はまったく正反対のものです。ほとんどの学級はこれら2とおりの雰囲気をある程度合わせ持っていると考えられます。エームズらは,中学生と高校生を対象にして,自分が所属する学級雰囲気をどう考えているか,勉強にどのように取り組んでいるか,所属する学級を受け入

表 5-3 2つの達成目標における学級雰囲気の内容

学級雰囲気の次元	習熟目標	遂行目標
成功の定義	進歩,改善	よい成績,基準より高い成績
何に価値をおくか	努力,学ぶこと	基準よりも高い能力
満足するための理由	一生懸命したこと,チャレンジしたこと	他者よりもよくできたこと
教師が志向するもの	生徒がどのように学んだか	生徒がどれくらいできたか
誤り,ミスとは何か	学ぶことの一部分	不安を引き起こすもの
注意が当てられるもの	学ぶプロセス	他者と比較した自分の成績
努力する理由	何か新しいことを学ぶために	よい成績,他者よりできるために
評価基準	絶対的,進歩の度合い	外的基準との比較

(出所) Ames & Archer, 1988 より。

れているかなどについて,質問紙を用いて尋ねました。その結果,自分のクラスが習熟志向的であると考える生徒ほど「自分で目標を設定する」「勉強のスケジュールを立てる」といった学習方略を工夫する傾向が強く,「自分の学級が好きである」という学級への肯定的な態度をもつことや,「新しいことを学習したい」というようにチャレンジ精神が旺盛であることなどがわかりました。一方,遂行志向的な目標が高い生徒ほど,学級への態度が否定的であり,自分の能力を低く見積もる傾向にあることがわかりました。

Column ⑩ アッシュの同調行動の研究

　なぜ，人は誤った行動にも同調してしまうのでしょうか。アッシュ（Asch, 1951）は，以下のような手続きで，同調行動が発生するメカニズムについて研究しています。実験課題として，図5-3のような課題を用いました。大学生の被験者に，1本の線分と同じ長さのものを3本の線分の中から選ばせるというものです。正しい線分以外の長さが異なる2本の線分は，さまざまな長さのものが用意されていました。しかし，どの問題も，大学生には簡単なものでした。実験手続きは，以下のとおりでした。被験者が8人いる条件では，8人が順番に答えを言うようになっています。ところが，最初の7人はサクラで，7人全員が同じ間違いをするように計画されていました。実は，本当の被験者は，8人目の学生だけだったのです。18試行すべてでサクラの7人全員が間違えるという状況では，被験者が実験操作に気づく可能性があると考え，18試行中12試行で全員一致で間違えました。その結果は，図5-4のとおりでした。図の上の折れ線は，1人で課題を遂行した場合の正答率です。ほとんど間違わない課題であることがわかります。下の折れ線が，サクラの影響を受けた被験者の正答率です。誤った判断へ同調することが見事に実証されました。しかも，多くの被験者は他の成員が間違っていることに気づきながらも同調していたのです。

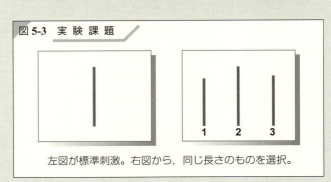

図5-3　実験課題

左図が標準刺激。右図から，同じ長さのものを選択。

アッシュは、サクラの人数を変化させることによって、集団圧力の同調への影響について調べています。サクラが1人のときには同調はほとんど生じません。しかし、誤った行動をとるサクラの数が増えると一次関数的に同調行動も増加します。しかし、興味深いことに、サクラが3人を超えると、その後はサクラの数が4人、5人……、15人と増えても、同調行動は必ずしも増加しませんでした。

　アッシュは、さらに次のような実験も行っています。サクラの中の1人が正しい反応をすると、被験者の同調行動はどのように変化するのでしょうか。その結果は、図5-5のとおりでした。サクラの中に誤った行動をしない者がいた場合には、被験

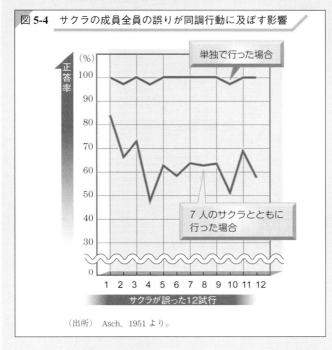

図 5-4　サクラの成員全員の誤りが同調行動に及ぼす影響

（出所）　Asch, 1951 より。

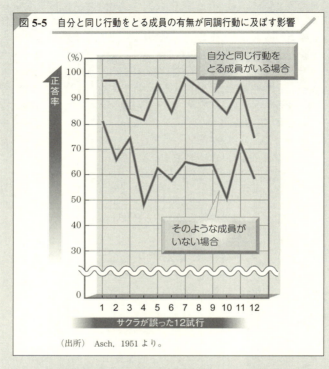

図 5-5　自分と同じ行動をとる成員の有無が同調行動に及ぼす影響

（出所）　Asch, 1951 より。

者の同調行動がかなり減ることを示しています。また別の実験では，そのサクラが途中から誤りグループに同調し始めるとその被験者も同調し始めるけれども，そのサクラが用事があって席を離れた場合には，正しい反応をする者が自分1人になってもその反応を維持することを明らかにしています。

　学級内でいじめなどが起こった場合，同調者が現れることもあるかもしれませんが，そのような状況の中で同調行動を阻止する生徒が現れると，いじめへの同調行動が減少することを示唆しています。そう考えると，やはり，学級雰囲気が重要であるということになります。

> 学級の自律—統制の観点による学級雰囲気

ドチャーム（deCharms, 1968）は、「人間の第一次的動機傾向は、彼を取り巻く環境に変化をもたらすことにある。人間は彼の行動に対して原因主体であろうとする。つまり、指し手であろうとする」と述べています。この言葉からもわかるように、彼は人間の動機づけにおいて、自己原因性が重要であるという考え方を提唱しました。そして、この自律と統制の考え方をわかりやすく説明するために、指し手とコマという用語を使いました。自律的に行動する自己原因的な指し手となるか、それとも他者によって行動させられるコマになるかが人の動機づけに影響すると、ドチャームは考えました。そして、教室場面で教師が児童・生徒の自律性を重んじるか、それとも教師が彼らをコントロールしようとするかという観点から学級雰囲気をとらえました。ドチャーム（deCharms, 1976）は学校での調査から、生徒の指し手意識と動機づけとの間に関連のあることを見出しています。彼は学級担任の教師を対象に生徒の指し手意識を高める研修を行い、その結果、研修を受けた教師の学級雰囲気が変化し、生徒の指し手意識が高まることが明らかにされています。教師が研修によって変わることによって学級雰囲気が変わるということは、教師が学級雰囲気の形成に重要な役割を果たすことを暗示しています。

4 生徒の人間関係

生徒にとって、生徒同士の関係は教師と生徒の関係以上に重要である、といってもよいでしょう。新たに学級が編成されると、

バラバラであった成員の間に関係が生まれ始め，友人関係が芽生え，集団が形成されていくことになります。このような人間関係は，生徒の行動，動機づけ，学級への適応，人格形成などに多大なプラスの影響を及ぼします。しかし，ときには，この関係がいじめなどのマイナスの問題を生む場合もあるのです。

友人関係

学校，特に学級は成員の友人関係の成立に決定的な影響を及ぼします。図5-6は，田中（1957）が友人選択の理由の発達的変化を調べたものです。小学校入学前後では，近所に住んでいるといった相互的接近が友人選択の理由になっており，その後何となく好きといった同情愛着が大きな理由になってきます。ところが，中学校入学ごろからは相手に対する共感や尊敬といった理由が大きなものとなってくるのです。成長するにつれて，友人選択の理由は内面的なものへと変化していきます。

　小学校4年生ごろに，児童の友人関係のあり方に大きな変化が見られます。いわゆる，**ギャング・エイジ**と呼ばれる世代で，同性だけの仲間集団が発生するのです。この時期から高校時代にかけて，友人関係は同性集団，同性個人，異性集団，異性個人という方向で変質していきます。児童や生徒は，このような関係の中で，社会的な能力やスキルを身につけていくのです。

集団規範

学級集団や仲間集団が集団としてのまとまりを維持する際に，集団規範が重要な役割を果たします。集団規範には，校則のような明白なルールだけでなく，成員同士の暗黙の決まりもあります。また，集団規範

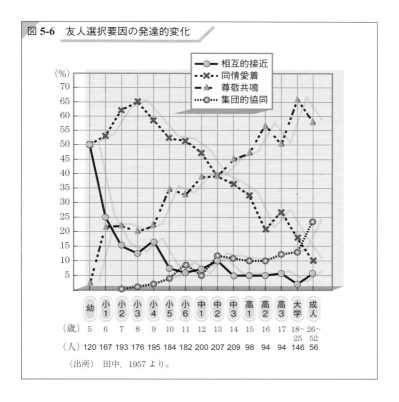

図 5-6　友人選択要因の発達的変化

（出所）田中，1957より。

は成員に対して集団のルールを守らせるという集団圧力をもっています。それによって，集団の凝集性は高められ，成員間の関係は強化されます。また，集団規範を遵守することによって，集団の成員であることを意識化することにもなります。もし，ある成員が集団規範から逸脱した場合，集団はその成員に対してさまざまな働きかけをして，集団規範に同調するように圧力をかけることになります。それでも効果がなかった場合にはその成員を集団から排除するか，あるいはその成員から集団を離れるかというこ

とになります。

　学校での勉強や部活動において高い目標に向かって一緒にがんばろうという望ましい規範を持つ集団がある反面，非行やいじめといった問題行動へ向かわせる望ましくない規範を持つ集団もあります。集団圧力は集団目標の社会的望ましさにかかわらず，成員にたいして大きな影響力を持つものです。アッシュ（Asch,1951）の実験研究は，集団圧力と同調行動の関係の理解に役立つ示唆を提供しています（*Column* ❿）。

いじめ

　児童・生徒は同じクラスの級友との交流をとおして，特定の友人関係を築くことになります。学校は彼らに教科学習や技能の修得の機会を提供するだけでなく，友人関係を通して社会的スキルを獲得する機会も提供していることになります。残念なことではありますが，学級あるいは学校での対人関係において，いじめという問題が発生することもあります。いじめは日本だけの問題でなく，世界中の学校が直面している教育的，社会的問題なのです。

　ノルウェーの心理学者であるオルウェウス（Olweus, 1993）は，いじめを「1人の児童・生徒が繰り返し長期にわたり他の1人あるいは複数の児童・生徒たちによるいやな行為にさらされているとき，いじめられている」と定義しています。また，鈴木（1995）は「いじめとはある特定の1人に，他の1人あるいは複数の者が繰り返し，精神的・身体的苦痛を与え続ける比較的長期にわたる屈曲した攻撃行動（黙殺あるいは無視）を伴った，精神的または身体的圧迫である」と述べています。鈴木の定義には，日本におけるいじめの実態が反映されています。日本におけるいじめの発

生件数・認知件数やいじめの態様については Column ⓫ に記載しました。多くの学校がいじめ防止に取り組んでいるにもかかわらず，近年のいじめの認知件数の増加傾向は残念な結果と言えます。

　スミスとシャープ (Smith &Sharp, 1994) は，オルウェウス (1993) が考案したいじめ防止プログラムをイギリスの 1 都市にある小中学校 24 校で 4 年間にわたり実施しました。その結果，4 年間でいじめの発生件数は 20％弱減少しました。いじめが減少したことは評価できますが，費用対効果を考えれば，20％弱減という結果は微妙な値とも言えます。いじめ防止の難しさを暗示している結果のようにも読めます。

　もし自分のクラスでいじめがあったとき，教師はいじめにどう対応すれば良いのでしょうか。いじめは，多くの場合，教師の目が届かないところで起こります。いじめには被害者がいて，それを目撃するクラスメートもいるかもしれません。しかし，いじめの被害者や目撃者はそのことを教師や親に伝えることを躊躇するという，子ども社会の暗黙のルールを持っています。松浦 (2001) は，いじめ被害者が「いじめの被害を誰にも言わなかった」子どもの割合について国際比較の結果を示しています。日本の小学校 5 年生～中学 3 年生のうちいじめられたことある子どもの 33.9％が誰にもそのことを伝えることがなく，(イギリスは 29.5％，ノルウェーは 25.0％，オランダは 21.7％)，その割合は日本の子どもが 4 カ国の中で最多でした。教師があるいは学校がいじめの発生を把握することが，いじめ問題の解決の最初の一歩になります。自分がいじめられているとき，クラスの中にあるいじめを目撃したとき，児童・生徒がそのことを教師に伝えることが決定的に重要なことなのです。彼らが勇気を出して教師にそれを伝えることがで

Column ⓫ 日本のいじめの現状

　2005年までの文部科学省（2001年までは文部省）によるいじめ調査報告は，「1人の児童・生徒が繰り返し長期にわたり他の1人あるいは複数の児童・生徒たちによるいやな行為にさらされているとき，いじめられている」という定義によって実施されていました。1995年のいじめの発生件数は6万96件で，その後減少し続け，2005年度報告（調査実施は前年。以下同様）は2万143件でした。2006年度報告から，繰り返し長期にわたるという継続性を表す表現がいじめの定義から削除されました。そして，「当該児童・生徒が，一定の人間関係のある者から，心理的，物理的な攻撃を受けたことにより，精神的苦痛を感じているもの。なお，起こった場所は学校の内外を問わない」という定義に基づいて調査されることになりました。また，アンケートなど児童・生徒から直接尋ねる機会を設けるなど，調査方法も見直されることになりました。その結果，2006年度報告のいじめの認知件数（2005年度報告までは発生件数）は12万4898件と，前年の6倍を超える件数になりました。いじめの認知件数は翌年から減少し続け，2011年度報告では7万231件となりました。件数は数年間で半減しましたが，少子化による児童・生徒数の減少を考慮すると，1年間で7万件を超えるいじめ認知件数は，教育的にも社会的にも大きな問題であることは明らかです。

　いじめの認知件数は調査方法によって変動するものです。いじめの定義が変わることで調査方法が変更されることがあります。また，都道府県によって調査や集計の方法が異なるという問題もあります。2012年度報告（いじめの認知件数は19万8109件）の都道府県別の児童生徒1000人あたりのいじめ認知件数を見ると，32.9人（全国で最多）の県や0.6人（全国で最少）の県があります。都道府県によっていじめの認知件数が50倍も違うという結果は，実態を正確に反映しているとは考えられません。そのような手続の変更により，2017年度には40万件

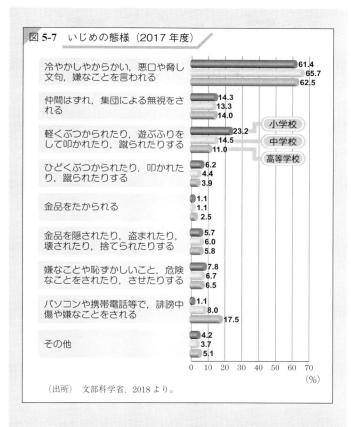

図 5-7 いじめの態様（2017 年度）

（出所）文部科学省，2018 より。

を超える結果になりました。いじめの認知件数のデータを継時的にみたり都道府県別に比較する際には，調査および集計の方法も確認しながら慎重に解釈する必要があるでしょう。

一方，いじめの態様についてのデータは，年度によって大きく変動することはなく，比較的安定しているようです。図5-7 は，学校種別ごとのいじめの態様をまとめたものです。「冷やかしやからかい」という行為は小中高共に最も多くみられ，

4 生徒の人間関係

> 「仲間はずれや無視」や「軽くぶつかる」という行為も比較的多く見られます。いじめの態様個々と学校種の関係は複雑で，傾向を一概にはいうことはできません。しかし，「パソコンや携帯電話等で，誹謗中傷や嫌なことをされる」という行為に関しては，学校種の違いが顕著にみられます。この態様は，中学校では小学校の8倍，高等学校では小学校の20倍も多く発生しています。

きるかどうかは，子ども側だけの問題でなく，子どもと教師の間に信頼関係が築けているかどうかにかかっています。

5 生徒関係を理解する方法

　学級における児童・生徒の友人関係を測定するためのテストがあります。それぞれのテストは有効な方法ではありますが，プライバシーにかかわる微妙なことを尋ねるテストであることから，実施には十分な注意を払う必要があります。また，中学生以降の段階になると，本音が聞き出しにくいということもあり，テストの妥当性に問題がないわけではありません。

ソシオメトリックテスト　ソシオメトリックテストは，集団の人間関係を測定するために，モレノ（Moreno, 1934）によって考案された測定方法です。集団成員間の好き嫌いといった感情を調べることによって，人間

表5-4　ソシオマトリックスの例

被選択者＼選択者	A	B	C	D	E	F	G	H	I	J	K	L	M	N	被選択(○)の数	被排斥(×)の数	選択・排斥得点	社会的地位順位
A		○	○			○		○		○		○		○	7	0	7	1
B	○		○	×	○	○					×				4	2	2	5.5
C								○							1	0	1	8.5
D					○							○			2	0	2	5.5
E			○						○		○				3	0	3	3
F	○	○					○		○						4	0	4	2
G								○		○					2	0	2	5.5
H												○		○	2	0	2	5.5
I							○				×				1	1	0	10
J	×					×						×	×		0	4	-4	13.5
K		×			×		×	×							0	4	-4	13.5
L					×										0	1	-1	11.5
M			×	○					×						1	2	-1	11.5
N							○								1	0	1	8.5

関係を測るものです。たとえば，「遠足でのグループや学級での班学習でクラスの誰と同じグループになりたいですか」といった簡単なアンケート用紙を配布し，児童に，3～5名くらいのクラスメートの名前を挙げさせます。もともとは，好き嫌いを問うテストだったのですが，嫌いな人については問わないという方法でもかまいません。ソシオメトリックテストで測定された反応は**表5-4**に示すようなソシオマトリックスに整理すると，わかりやすくなります。ソシオマトリックスをつくるためには，まず最初に，クラス全員の名前でマトリックスをつくります。25人学級なら，25×25のマトリックスをつくることになります。そして，横軸

図 5-8 学級集団（中学1年A組女子）における対人関係の構造の変化

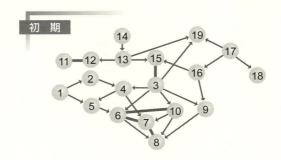

初期

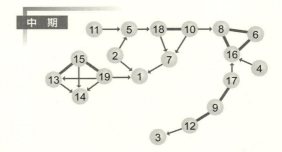

中期

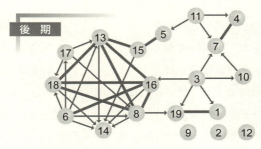

後期

太線は相互選択を表す。

(出所) 大橋ほか，1981より。

にアンケートに答えた児童（選択者）の名前を，縦軸に選ばれた児童（被選択者）の名前を記入し，選択された児童のマスの中に○を記入していきます。最終的にできあがった表を横方向に集計することによって，学級内で人気のある児童，孤立している児童などを把握することができます。同じ班になりたくない人も選択させた場合には，排斥されている児童を見つけることもできます。さらに，図 5-8 のようなソシオグラムを描くことによって，学級集団の状態を視覚的にとらえることができます。大橋ら（1981）は中学生女子に繰り返しソシオメトリックテストを実施することによって，学級の集団形成プロセスを図 5-8 のように視覚的にとらえることに成功しています。

ゲスフーテスト

ソシオメトリックテストでは児童・生徒の好き嫌いといった感情に基づいた願望を尋ねたのに対して，**ゲスフーテスト**では実際の行動を対象にして，児童・生徒の社会的地位を測定します。このテストでは，具体的な行動としてポジティブなものとネガティブなものを用意しておき，そのような行動を頻繁に行う級友の名前を挙げさせるという手続きをとります。たとえば，「クラスの代表として誰からも信頼されているのは誰ですか」「クラスで何か決めるとき，いつも意見を出すのは誰ですか」，あるいは「身勝手なことばかりするのは誰ですか」というような質問をします。ポジティブな項目で名前を挙げられた回数からネガティブな項目で挙げられた回数を引くことによって，それぞれの児童・生徒の行動特性得点が求められることになります。この得点が高いほど，学級での社会的地位が高いことを意味します。実際の学級内の様子を反映した

図 5-9　学級社会的距離尺度の質問紙

_____学年_____組　　名前_____　　男・女

　これからみなさんにお友だちのことをいろいろ聞きたいと思います。みなさんの思ったとおりに正直に書いて下さい。みなさんの書いたことは誰にも見せません。学校の成績とはぜんぜん関係ありません。おたがいに見せあったりしないで下さい。

> 〔問〕　下にクラスの他の人の名前が書いてあります。いっしょに勉強したり遊んだりする人について、みんなが違った考えをもっています。クラスの他の人についてあなたがどのように感じているかを、正しく表現していると思われる空欄の1つに〇印をつけて下さい。

級友名	1 自分のグループに一緒だと大変うれしい。親友の一人にしたい。	2 自分のグループに一緒にいてほしいが、親友としてではない。	3 時にはグループで一緒にいたいが、あまり多くはいやだ。	4 グループに一緒でも気にならないが、あまり一緒にいたくはない。	5 自分のグループにいてほしくない。
A	〇				
B	〇				
C		〇			
D		〇			
E	〇				

（出所）　杉原・海保，1986 より。

方法である点では優れていますが、ほとんど指名されることのない生徒がいることや、ネガティブな質問の内容については慎重に行う必要があります。

学級社会的距離尺度　　学級社会的距離尺度では、図5-9のような質問紙を用います。その用紙には本人

以外の全員の名前が記されており，それぞれの成員と同じグループで勉強したいかどうか（質問の内容は学級に合ったものにアレンジしてもかまいません）について3〜5段階で答えさせます。このテストから，2つのことを測定することができます。ひとつは，その被験者が全員に対して回答した評定から，その個人が学級をどの程度受け入れているかがわかります。これを自己社会的距離尺度得点と呼びます。もうひとつは，記入されたある個人に対する全員の評定値からその個人が学級でどれくらい受け入れられているかがわかります。これを集団社会的距離尺度得点と呼びます。ソシオメトリックテストとは異なり，学級成員全員のデータを得られるという利点があります。

まとめ / Summary

　この章では，学級における教師の影響力の大きさを，教師期待効果と学級雰囲気の観点から述べました。教師期待効果とは，教師が児童に期待しているだけでその児童の知能テストの成績が伸びるというものでした。

　また，教師はリーダーとして学級内に独自の雰囲気をつくり出します。この章では，教師が児童・生徒の自律性を認めるかどうかという考え方で学級雰囲気をとらえた2つの理論を紹介しました。そして，実証的なデータを示しながら，学級雰囲気が児童・生徒の学習行動に影響することを述べました。

　学校や学級での楽しさの大部分は，友人との関係の中にあります。友人関係が成立し学級集団がまとまっていく過程にふれ，集団が維持されるメカニズムの要因である集団規範，同調行動，集団圧力についても紹介しました。これらの要因は集団のまとまり

を強固にする反面,集団を誤った行動に導く可能性のあることも指摘しました。

最後に,学級集団の人間関係をとらえるためのいくつかのテストを紹介し,具体的な実施方法についても述べました。

参考図書 *Reference*

吉田俊和・橋本剛・小川一美編『対人関係の社会心理学』ナカニシヤ出版,2012

　●教師と生徒の関係,生徒と生徒の関係は対人関係の中の1つの形態です。この図書には,コミュニケーション,学級内の友人関係,社会的スキル,援助行動と援助要請といった対人関係の諸問題が解説されています。専門書ではありますが,読みやすい内容のものです。

本間道子『集団行動の心理学──ダイナミックな社会関係のなかで』サイエンス社,2011

　●集団行動について学ぶには最適の図書です。集団内の影響過程についての解説では,いじめの問題やリーダーシップについて言及されています。集団の生産性,集団の意思決定,集団間関係という章は,学校場面で重要な課題について多くの示唆を提示しています。

第6章　どのように教えるか

　現在では，コンピュータによる授業がほとんどの学校で取り入れられています。一斉学習が指導形態の基本になっていますが，グループ学習やコンピュータによる個別学習なども行われています。
　この章では授業の進め方について述べていきます。

1 発見学習

発見学習とは　三角形の内角の和は180度であるという命題を教えるとしたら、あなたはどのような指導方法をとりますか。さまざまな形の三角形を学習者に提示し、学習者自身に命題を発見させるという教え方があります。それぞれの三角形の3つの内角を測定させて、それらの和を計算させればよいかもしれません。あるいは、3つの角をはさみで切り取らせ、それらを組み合わせると直線になることを確認させてもよいかもしれません。いずれにしても、学習者自身に命題を発見させることになります。このような教授方法を、**発見学習**と呼びます。

アメリカの教育学者ブルーナー（Bruner, 1961）は、「科学の知識が発見され、生成された過程を学習者に再体験させるならば（原発見と必ずしも同じでなく、簡略化したものでもかまわない）、問題解決に役立つ、応用可能な知識となる」と考え、発見学習を提唱しました。

学習者自身が三角形の内角の和は180度であるという命題を発見するために、学習者は、いくつかの三角形の内角の和を確かめながら仮説を立て、それを検証し、結論を得ることになります。ブルーナーは発見学習による授業の具体的な進め方として、学習課題の把握→仮説の設定→仮説のねりあげ→仮説の検証→発展とまとめ、という流れを示しています。

学習課題の把握とは、問題場面の中から発見すべき課題を学習

者に明確にとらえさせる段階です。仮説の設定とは，与えられた資料に基づいて仮説を立てることです。仮説のねりあげとは，仮説を論理的なものとし，検証の方法を考えることです。仮説の検証とは，資料と照合して証明したり，実験したりして検証することです。発展とまとめでは，仮説検証で得られたことがらを統合し，結論を出すことになります。

　発見学習による授業は，学習者に問題解決の技法を身につけさせ，学習内容をよりよく保持させるという利点があります。また，学習者が授業に積極的に取り組み，学習への内発的動機づけを高めるというメリットもあります。しかしながら，発見学習に適した学習内容が限られており，すべての学習内容において実施できるわけではありません。また，次の節で紹介する受容学習と比較すると，学習内容の理解までの時間がかかりすぎるという問題もあります。

| 仮説実験授業 | 　板倉（1966）は，科学の認識の過程と子どもが学校で学習する過程は本質的には |

同じであると考え，**仮説実験授業**という授業方法を考案しました。彼の理念は，ブルーナーの考え方とほぼ同じものでした。

　科学上の基礎的で本質的な概念にかかわるもの，常識的な考え方をすると誤りとなるもの，その正否が簡単な実験によって確かめられるもの，といった以上 3 つの条件を満たす課題が仮説実験授業に適していると，板倉は考えました。

　それでは，仮説実験授業の進め方を，小学校での理科の授業を例にして説明することにします。まず最初に，**図 6-1** の問題を児童に提示します。アイウエの 4 つの選択肢の中からひとつを，児

1 発見学習

図 6-1　仮説実験授業の問題例

ここにねんどのかたまりがあります。このねんどを，下の図のように形をかえて，はかりの上にのせると，その重さはどうなるでしょうか。

① ② ③

予　想　（自分の予想に○をつける）

ア　①の形にしたときがいちばん重くなる。
イ　②の形にしたときがいちばん重くなる。
ウ　③のように，ほそいひものようにしたときがいちばん重くなる。
エ　①②③はみんな同じ重さになる。

討　論　どうしてそう思いますか。みんなの考えをだしあいましょう。

【ヒント】ねんどをつくっている小さな小さなつぶ（原子）の数は，ねんどの形をかえると，ふえたりへったりしますか。

実験の結果

（出所）板倉・上廻，1965 より。

童に選ばせます。教師は児童の予想をまとめ，アイウエのそれぞれを予想した人数の分布を児童にフィードバックします。その後，児童は自分が予想した理由を述べたり，他の予想をした児童の考え方に対して反論したりして，児童同士で討論します。場合によっては，その後で再び予想と人数の分布のフィードバックの手続きを行うこともあります。そして，最後に，どれが正解であるかを実験によって確かめます。仮説実験授業には，多くの実践報告があり，おおむね，この授業の有効性が認められています。

2 受容学習

受容学習とは

　　受容学習の考え方は，発見学習とはまったく異なるものです。三角形の内角の和は180度であるという命題を受容学習によって指導する場合，最初に命題を与え，それからこの命題が正しいかどうかをさまざまな形の三角形で確認させるという手順で授業を進めていくことになります。発見学習では学習者が授業に能動的に参加する必要がありますが，受容学習では受動的にかかわることになります。教師から児童・生徒への知識の伝達という意味では効率的な方法であり，発見学習や仮説実験授業のように学習内容が限定されることもありません。

　受容学習が学校教育の中心にあり，教師の教授活動のほとんどは，概念の説明やルールの説明といった言語的な提示方法によって行われています。また，学習者の言語的・概念的能力が発達し，論理的思考が可能になればなるほど，受容学習が有効な学習方法

になります。受容学習では学習者が受動的な態度で授業に参加するために，授業に集中しないということが起こりえます。したがって，受容学習では，学習者の動機づけを維持するために，授業内容を理解しやすいように工夫する必要があります。アメリカの教育心理学者であるオースベル（Ausubel, 1963）は，このための具体的な提案をしています。

有意味受容学習

オースベルは，教授方法としての受容学習─発見学習という次元を設定するだけでなく，学習内容としての有意味学習─機械的学習の次元も必要であると考えました。**機械的学習**とは，歴史の年号や英単語の暗記のような学習です。このような学習では，理解する必要も意味を考える必要もありません。しかし，ある概念を理解したり，文章を理解するといった**有意味学習**は，機械的に学習できるものではありません。2つの軸を組み合わせると4つの教授方法を想定することができます。オースベルは受容学習が学校教育の中心であるという彼の信念と学校の学習内容の大部分は有意味学習であるということから，学校教育では有意味受容学習が最も重要な教授方法であると考えました。

さらに，オースベルは有意味受容学習を促進させるものとして，先行オーガナイザーの必要性を挙げています。新しい情報が既有の知識や認知構造の中に取り入れられ，関連づけられる過程は，包摂作用といわれます。オースベルは，この包摂作用が生じるためには学習者の側に新しい情報をつなぎとめるためのものがなくてはならないと考えました。学習材料が学習者の認知構造の中に取り入れやすくするためには，その学習材料の提示に先だって学

習者に情報を与えておく必要があるのです。オースベルはその情報を先行オーガナイザーと名づけました。先行オーガナイザーとしては，学習内容を包摂しやすくするためにあらかじめ解説を提示する解説オーガナイザー，学習者がすでにもっている知識を利用し，新しい学習内容とその知識の異同を提示する比較オーガナイザー，解説オーガナイザーを言語的ではなく視覚的に与える図式的オーガナイザーがあります。

3 グループ学習と個別学習の具体例

> ジグソー学習

みなさんも，班の成員同士で討論しながら考えるという形態での授業を経験したことがあると思います。この節では，アメリカの社会心理学者であるアロンソンら（Aronson et al., 1978）が考案した，**ジグソー学習法**という班学習のひとつの形態を示します。

自分たちの住んでいる町について調べるという小学校社会科の授業を，ジグソー学習法によって学習するとしましょう。**図 6-2** のように，まず最初に，児童をいくつかのグループ（これを原グループと呼ぶことにします）に分け，それぞれがひとつの班になります。カウンターパート・セッションでは，各班から 1 人ずつ集まり，新たなグループ（これをカウンターグループと呼ぶことにします）をつくります。カウンターグループのひとつは，町の交通について意見を出したり調べたりします。別のカウンターグループは町の経済について調べます。このように，グループごとで，町の異なる側面について調べたり，話し合ったりして学習します。その

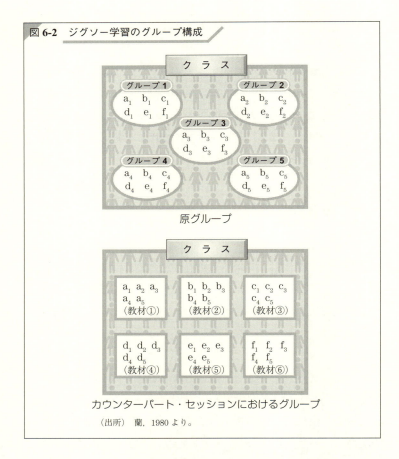

図6-2 ジグソー学習のグループ構成

(出所) 蘭, 1980より.

後, カウンターグループは解散し, 児童は原グループに戻ります。原グループでは, 1人ひとりが各分野の専門家として情報源になり, 班内の仲間同士で教え合うことになります。

　ジグソー学習法は, 本来は, 児童・生徒の人間関係を改善させるために考案されたものです。ところが, この学習方法は人間関係の改善に効果的だっただけではなく, 学習内容の理解や学習者

の動機づけにも有効であることが明らかにされてきました。通常のグループ学習では，リーダーとフォロワーの関係が固定されています。しかし，ジグソー学習法では，原グループにおいて全員がある意味では専門家であるため，全成員の自尊感情が高まるほか，学習成績の向上にも有効であることが認められています。

プログラム学習

個別学習の必要性を提唱したのは，第3章で紹介したスキナーです。彼は **プログラム学習** という学習方法を考案しました。

スキナー（Skinner, 1954）がプログラム学習という個別学習の必要性に気づくきっかけになったのは，自分の子どもの小学校の授業を参観したことでした。授業を見ているうちに，一斉授業の問題点に気づきました。一斉授業では，教師は学力や理解度において平均的な学力の児童を基準にして授業を進めていきます。このような進め方やペースでは，緩慢であると感じる児童がいる反面，速すぎると感じる児童もいるだろうと，彼は思いました。そして，伝統的な一斉授業のこのような問題を解決する方法を考えつきました。それがプログラム学習です。プログラム学習では学習者は自分のペースで学習します。ゴールに到達するまでの時間は異なりますが，誰もが同じ学習内容を学習することができることになります。彼はプログラム学習の考え方を唱えただけでなく，それを行うためのティーチングマシンも作製しました。

プログラム学習の背景にある理論は，スキナーの **道具的条件づけ** と **シェーピング** の考え方です。プログラム学習には，積極的反応の原理，スモールステップの原理，即時確認（即時強化）の原理，学習者の自己ペースの原理の4つの原理があります。この

図 6-3　プログラム学習のプログラムの型

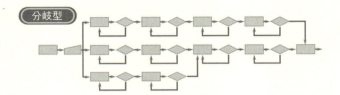

■ は問題，◆ は解答を表しています。正解の場合は次の問題に進みますが，不正解の場合には元の問題に戻ります。

■ は多肢選択の解答であり，答えによって次に提示される問題が異なっています。

分岐型や治療型のプログラムは複雑にみえますが，プログラムの本線は全員が同じプロセスを通過することになります。

原理に従うことによって，誰もが同じプロセスをとりながら目標に到達できると考えられています。プログラム学習のプログラムには，図 6-3 のようなものが考えられます。スキナーは，シェーピングの考え方に則った直線型（スキナー型とも呼ばれます）のプログラムを考案し，自分で実際にティーチングマシンを作製しました。このプログラムでは，間違えた問題は正解するまで繰り返して提示されるようになっています。その後，プログラム学習研究者によって，分岐型（クラウダー型とも呼ばれます）のプログラムも考案されました。このプログラムでは，誤答のパタンによって異なるプログラムが用意されているため，学習者は

異なるプロセスで学習し，最終的に全員が同じ目標に到達できるようになっていました。学習者の誤りを活用するという考え方によってプログラム学習はより有用なものになりました。

プログラム学習は，その考え方が受け入れられたわりには，あまり普及しませんでした。その原因は，ティーチングマシンの開発が遅れていたことにあります。プログラム学習の考え方は，現代のコンピュータ技術の進歩によって，CAI（Computer Assisted Instruction）と呼ばれるコンピュータ支援授業として，再び脚光を浴びてきました。しかしながら，プログラム学習の考え方にもとづいたソフトウェアの開発はあまり進んでおらず，理数系科目の一部の単元のものに限られています。しかし，それらのソフトウェアには補習用として利用できるものは少なくありません。

> プロジェクト・ベース学習

ブルーメンフェルトら（Blumenfeld et al., 1991）は，プロジェクト・ベース学習（Project-Based Learning: PBL）のルーツはアメリカの教育学者デューイ（Dewey, J）の提唱した問題解決学習の考え方であると指摘しています。そして，彼らは，「児童・生徒・学生自らが問題を提起しそれを洗練し，アイデアについて議論し，仮説を立て，調査あるいは実験のプランを計画し，データを集めそれを分析し，結論を導き，そのアイデアと発見を他者に伝える」というPBLの手順を提示しています。この学習指導の流れからわかるように，PBLの方法は，学習者が決められたカリキュラムの内容を学ぶことを授業者が援助するという伝統的な学習指導の方法とは大きく異なるものです。

上杉（2010）は，エドビジョンという名称のアメリカの教育団

体に所属する高校で行われているPBLの実践を具体的に紹介しています。この高校では，①入学した生徒に2つの評価規準を提示します。1つは自律学習者としての規準です。もう1つは学校がある州の履修規準で，これを満たさないと卒業できません。②プロジェクトのテーマを決定します。教師はそれを支援します。③テーマについてすでに知っていること，これから調べる必要があること，今後の時間的見とおしを企画書にまとめます。提出には保護者の同意のサインが必要です。④目標に向けて活動します。標準的には100時間，テーマによっては300時間をかけます。⑤データをまとめ，結果を整理します。⑥学習者，このプロジェクトを支援し続けてきた教師，このプロジェクトをよく知っている他のプロジェクトの教師とこのプロジェクトを支援してきた専門家の4人で評価会議を行います。生徒はこの場で3人から多くのアドバイスを受けることになります。⑦プレゼンテーションを行います。保護者や地域の住民が参加できるように，この会は夜に開催されます。

　上述のPBLの概要を知ると，みなさんはこの指導法に興味を持つと同時に，「国語，算数といった基礎学力もつける必要があるのではないか」，「小学生がPBLをやりとげることができるだろうか」といった疑問を持つかもしれません。上杉（2010）によれば，PBLを導入している高校には授業の80%がPBLという学校もあるようですが，小学校ではPBLの比重はそれほど大きくなく，基礎学力の学習に重点が置かれているようです。また，PBLの比重が大きい高校でも，州の履修規準を満たすことが前提になっています。プロジェクト・ベース学習は，グループ学習で実施することも個別学習で実施することもあります。小学校段

階では個別学習はまだ難しいということを踏まえ，学級全体で集団プロジェクトあるいはクラスプロジェクトとして実施しています。そして，中学校段階では少人数のグループプロジェクトとして，高校段階では個人プロジェクトとして取り組むのが標準になっています。

　近年，日本の小学校，中学校，高校でアクティブ・ラーニング型授業を重視する傾向があります。アクティブ・ラーニングでは学習者の自律性が重視され，グループで課題に取り組むことで学び方を学ぶ，創造性を培うというものです。これは斬新な学習指導法と考えられていますが，アメリカでは数十年前から，日本でも十年ほど前から実践されてきているPBLの理念そのものとも考えられます。言いかえれば，PBLの理念と意義が日本でも必要とされるようになってきたということでしょう。

4　適性処遇交互作用

　クロンバック（Cronbach, 1957）は，「学習活動の成果は，学習者の学習課題や学習活動に対してもっている特性・適性と，学習者に施された教授方法の交互作用の結果である」という **適性処遇交互作用** あるいは **ATI**（Aptitude Treatment Interaction）の考え方を提唱しました。

　クロンバックの指導によりスノーら（Snow et al., 1965）は学習指導の方法と学習者の適性との関係を，次のような実験によって調べました。初等物理学を受講している527名の大学生を対象にし，彼らの適性検査（対人積極性，責任性など）を行いました。

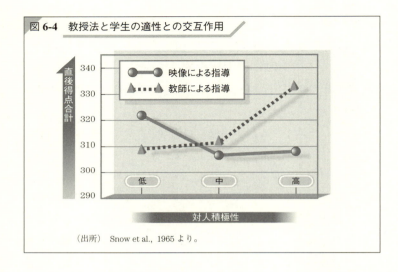

図 6-4　教授法と学生の適性との交互作用

（出所）　Snow et al., 1965 より。

学生は 2 つのグループに分けられ，一方のグループでは映像によって授業を行い，他方のグループでは通常の教師による授業を行いました。授業は 14 回行われました。両クラスとも，授業の最後に毎回小テストを実施し，14 回分の合計点を成績としました。2 とおりの授業方法による成績の平均点を比較したところ，映像による授業群と教師による授業群の成績には，ほとんど差がありませんでした。ところが，学生の対人積極性の違いによって成績を整理し直すと，図 6-4 に示す結果が得られました。対人積極性の高い学生群は教師による授業で高得点をとっていました。一方，対人積極性の低い学生群は映像による授業で高得点をとっていました。そして，対人積極性が平均的な学生では，教授法の違いはほとんど影響がありませんでした。このように，適性処遇交互作用がはっきりとみられました。適性要因は対人積極性に限られたわけではありません。適性要因として考えられるものは，表 6-1

表6-1 学習者の適性要因

A	能力の特性	(1)	知　能
		(2)	記憶力
		(3)	思考力
		(4)	学　力
B	性格の特性	(1)	性　格
		(2)	認知スタイル
		(3)	テスト不安傾向
C	態度・意欲の特性	(1)	対人的態度
		(2)	学習内容への興味・意欲
		(3)	学習習慣

にまとめたとおりです。

　東（1979）は適性処遇交互作用について，次のようなコメントをしています。「能力は個人の中にじっとしているのではなく，能力というのは取扱いと個人との交互作用の中にとらえられるものである。能力は個人に固有なものではなく，ほとんど同じくらい取扱いにも所属するといってよい。こう考えると教師はしんどいことになります。あの子は能力がないというのは，あの子の能力を発揮させる方法を自分がまだ見出していないことと同じ意味だからです」。確かに教師はしんどいことになります。しかし，生徒の能力を発揮させるような授業を行うことができたときには，教師冥利に尽きるともいえるわけです。ATIの現象から示唆されることは，教師がしんどい職業であると同時に，やりがいのある職業でもあるということです。

Column ⑫ 近い目標をもつことの学習効果を吟味した研究

　バンデュラとシャンク（Bandura & Schunk, 1981）は，算数の引き算が苦手な小学生を対象に，近い目標を設定して学習する効果を調べました。そのために，6つの小学校から，引き算の計算スキルに問題があり，また算数学習にほとんど興味を示さない児童40名（1～4年生）が選ばれました。彼らは学習指導を受ける前に，引き算学力を測定するための事前テストを受けました。

　学習指導のセッションでは，7セット42ページからなる引き算学習の冊子を用いて引き算を自習形式で勉強しました。その冊子は，各セット6ページからなり，1ページ目は解説と練習問題2題が示され，2ページ目からは引き算の問題集になっていました。児童は，登校日には30分間，この冊子に取り組みました。その際，40名の児童は以下の4つの群のいずれかに10名ずつランダムに割り当てられました。①近い目標をもつ群に割り当てられた児童は，毎日少なくとも6ページを完成させるように教示されました。②遠い目標をもつ群に割り当てられた児童は，7日目までに42ページを完成させるように教示されました。③目標を与えられない群に割り当てられた児童は，具体的な目標をもつことなしに冊子を勉強しました。④統制群に割り当てられた児童は，ほかの3群のような学習指導の機会を与えられませんでした。

　1週間の学習期間終了後，児童は引き算学力を測定するための事後テストを受けました。このテストは，事前テストと同じ難易度のものでした。さらに，事後テスト以降の別の日に，児童の引き算問題への内発的興味が測定されました。それは2種類の問題冊子（さまざまな難易度の引き算問題60題からなる冊子とウェクスラー知能テスト数字記号置換問題を含んだ冊子）を用意し，25分間，2冊の冊子を自由に取り組ませました。このような任意の選択条件において，児童が解答した引き算問題数を彼らの算数への内発的興味の指標としました。

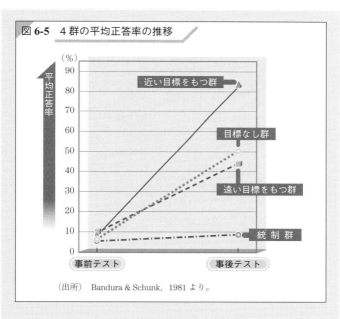

図 6-5 4群の平均正答率の推移

（出所） Bandura & Schunk, 1981 より。

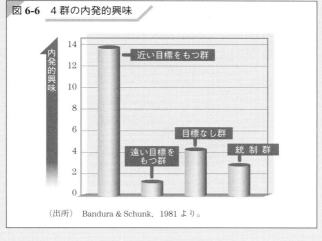

図 6-6 4群の内発的興味

（出所） Bandura & Schunk, 1981 より。

4 適性処遇交互作用

4群の引き算学力の変化は，図6-5に示すとおりです。事前テストでは5%前後の正答率でした。学習指導を受けなかった統制群はほとんど変化がありませんでしたが，近い目標をもつ群の児童は約80%の正答率になっています。また，学習指導を受けたほかの2群も40～50%まで上昇しています。1セッションに6ページ以上という近い目標をもつことが学習に効果的であり，7セッションで42ページという遠い目標をもつことは目標をもたないことと同等の効果しかありませんでした。各群の児童の引き算へ内発的興味は，図6-6に示すとおりです。近い目標をもつ群の児童がきわめて高い興味を示していることがわかります。一方，遠い目標をもつ群の児童は最も興味が低くなっています。第3章のColumn❺で紹介したシェービングの考え方は，この研究でもその有効性が確認されたことになります。また，近い目標をもつことは，セッション終了後に自己強化（第3章4節参照）が生じやすいことも，この結果の解釈に役立つと考えられます。

まとめ　　Summary

　この章では，学習指導法についていくつかの観点から述べました。発見学習と受容学習の次元から，授業方法を区別することができます。発見学習では，学習者が能動的に授業にかかわりながら学習すべき命題を発見し，そのプロセスをとおして学習内容を理解することを目指します。一方，受容学習では，学習者は最初に学習すべき命題を提示され，その後命題が正しいことを確認しながら，学習内容の理解を目指します。発見学習に適した学習内容や教材はかなり限定されますので，多くの授業は受容学習で行われています。

日本の中学校や高校の授業は基本的には一斉学習の形態で行われますが，その過程でグループ学習と個別学習が取り入れられています。その際に，発見学習的な要素を加味することも可能です。この章では，グループ学習としてはジグソー学習を，個別学習としてはプログラム学習を，そして両者をとり入れた PBL を紹介しました。

　さまざまな教授法・指導法が実践されており，それぞれに特有の効果があることも間違いありません。しかしながら，学習者の適性によって指導方法の効果が異なることが明らかにされています。すべての学習者に合った教授法・指導法がないかもしれないという研究結果は，教えることの難しさについて，われわれをさらに考えさせるものです。

参考図書　Reference

多鹿秀継編『認知心理学からみた授業過程の理解』北大路書房，1999
　●心理学の授業への理論的あるいは実践的貢献について，わかりやすい説明がされています。授業方法の紹介だけでなく，認知心理学の知見が国語，算数・数学あるいは理科の授業実践のなかでどう生かされているかの説明や，ネットワークやコンピュータ利用についての言及もあり，教育実践に関わる方には興味深い内容になっています。

上杉賢士『プロジェクト・ベース学習の実践ガイド──「総合的な学習」を支援する教師のスキル』明治図書，2010
　●プロジェクト・ベース学習（PBL）の概要とその具体的な指導方法がわかりやすく述べられています。日米で実践された多くの事例が紹介されていることで，PBL の理解が進むと同時に，PBL を実践しようとする教師には参考になります。

第7章 児童・生徒をどう評価するか

学校の入学試験や定期試験をはじめ私たちはさまざまな機会にテストを受けます。テストを受け他人から評価されるというのは何となく嫌なものです。しかし，どこが間違っているのか，何が欠けているのか，的確な評価がなくては学習は進みません。学習を支援する評価，教育指導のための評価という観点から評価をとらえ直してみましょう。

1 教育の成果を評価する

評価の目的

　教育評価は何のために行われるのでしょうか。評価を行う目的あるいはその機能の観点からみると，評価を以下のように整理することができるでしょう。

1. 教師の指導のための評価
2. 児童・生徒の学習のための評価
3. 教授方法や教材などの効果研究のための評価
4. クラス分けなど選抜・振分けのための評価

　教育評価は，児童・生徒の理解度や意欲の程度を知るのに役立つだけでなく，授業で取り扱った内容の適切さや教師の授業方法の適切さを判断することにも役立つものです。教師が自らの教育の目標や指導方法を省みるための評価が，まず第1の観点です。たとえば，算数で円の面積を求めることを学習することを目標にしていたとき，あらかじめ行った評価によって児童の多くが小数の掛け算を十分に習得していないことがわかったとすると，その目標を修正しなければならないかもしれません。あるいは，指導方法を教師の説明を主体とするものから，子ども自身の練習を中心にするものに変更した方が良いかもしれません。また，小数の掛け算の指導方法も再検討してみる必要があるでしょう。このように生徒にテストを行い評価することは，単に生徒を査定するものではなく教授活動そのものを評価することなのです。

　第2には個々の生徒に，どこができており，どこができていな

いのか，ほかの生徒と比較してどのような点が優れており，何が劣っているのか，という情報を与えるための評価が考えられます。生徒は自分自身の到達点を振り返り，問題点を明確にすることで，今後何をどのように学習していけばいいかを考えることができます。また，自分の進路を決定するときにも，このような情報は重要な資料となるでしょう。ここでの評価は，学習の成果を生徒にフィードバックし，さらなる学習を支援するものと考えることができます。

さらに，具体的な個々の指導というよりも，一般的な教授方法やカリキュラムの効果を評価することも，教育評価の重要な一側面です。前章で紹介されているさまざまな教授方法がどのような場合に効果的であるのか，あるいは生徒の特性に適した教授方法は何か，などを検討しようとするとき，教授方法の効果を何らかの形で評価することが必要となります。

最後に選抜や振分けのための評価があります。効率的に学習を行えるよう能力別にクラス編成を行おうとすると，事前に何らかの評価が必要となります。入学試験もこのような選抜・振分けのための評価といえますし，学年末の単位の認定も進級という振分けのための評価であるという側面ももっているでしょう。私たちが一般に評価というとき，この選抜のための評価を思い浮かべることが多いのではないでしょうか。しかし，評価のほかの側面にももっと目が向けられる必要があるでしょう。

何を基準に評価するのか

試験などの結果に基づいて評価するためには，児童・生徒の個々の得点を何らかの基準に照らし合わせて判断することが必要となります。どの

ような基準が用いられるかによって評価はふつう絶対評価，相対評価，個人内評価の3つに分けられます。

生徒のそれぞれの成績や反応とは関係なく，基準が存在している場合 **絶対評価** といわれます。絶対評価はさらに2種類に分けられます。絶対的な基準が，評価者個人の中にあり，評価者によって基準が変わるものと，評価者を超えた教育目標を基準として，教育目標の到達の有無や程度を評価しようとするものです。前者を **認定評価**，後者を **到達度評価** と呼びます。

これに対して基準が，個々の生徒の成績や反応によって変わってくる場合は，**相対評価** といわれます。通常，相対評価といわれているものは，生徒が属している集団（クラスや学校，あるいは地域全体など）の成績を基準として，集団内の相対的な位置，集団の中でどのくらい優れているのか，劣っているのかという程度によって評価するものです。集団基準による評価といえます。

個人内評価 と呼ばれているものも一種の相対評価です。これは集団内の他人と比較するのではなく，同一の個人の過去のデータと比較するものです。基準が絶対的ではなく生徒の過去の成績に依存しているという意味で相対的な評価といえますが，他人との比較ではなく個々の生徒の進歩の過程に着目する評価です。

大学では試験を行った結果，たとえば80点以上は優，60点未満は不合格といった評価をします。このような評価は，このくらいはできないと単位は認定できないという基準が教師＝評価者個人の中に存在しているので，認定評価といってよいでしょう。この場合，基準は「主観的」なので，同じ科目でも教官によって基準が異なり「甘い」「厳しい」といった違いが生じることがあります。多数の生徒に同一の試験を行い，その集団内での相対的位

置によって評価する相対評価では，評価者による相違は生じる余地がなくこの意味では「客観的」であるといえます。模擬試験の偏差値（*Column* ⓭）などは相対評価ですから，相対評価は私たちになじみ深いものです。しかしながら相対評価は，生徒が何をどの程度学習したのかとか，どのくらい努力したのか，といったことを必ずしも直接的には反映しません。一所懸命がんばっても，その努力が「成績」という結果につながらず，生徒の「やる気」を阻害してしまう可能性があります。そのようなことから近年の指導要録の改訂では，相対評価を緩め，到達度評価的な観点を重視する傾向がさらに強まっています。

到達度評価は，どのような点がまだ不十分なのかがわかるので，生徒が学習を進めるうえでの情報は相対評価より豊かであるといえるでしょう。バトラー（Butler, 1988）は，子どもたちに課題をやらせ，相対評価的な成績をつけて返す群と，良いところ，悪いところをコメントする群とで，その後の課題遂行がどのように異なるかを検討しています（図**7-1**）。その結果，特に成績の悪い子どもたちでは，コメント群で課題遂行成績が改善されているのに対して，成績をフィードバックされた群では遂行の改善が見られず，到達度評価的なフィードバックの有効性が示唆されています。

到達度評価はこのように生徒の学習にとって有意義ですが，明確な到達度目標を設定することが常に容易であるとは限りません。2桁の掛け算ができるとか，リコーダーで1オクターブの音階を吹ける，といった目標に関して到達度評価をすることはたやすいでしょう。しかし，「批判的に考える」とか「音楽で情緒を豊かに表現する」といった目標に関して，到達度評価をすること

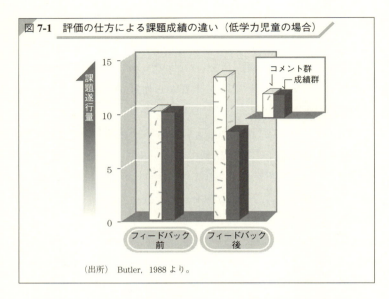

図7-1　評価の仕方による課題成績の違い（低学力児童の場合）

(出所)　Butler, 1988 より。

には困難が伴います。到達度評価という評価方法を重視するあまり，行動として明確な評価をしやすい目標のみに着目してしまわないよう注意しなければなりません。また目標が困難なものですと，到達度評価では多くの生徒が常に低い評価を受けることになります。

　たとえば英語では，最初のうちは簡単なあいさつなど，要求される目標が単純であり，生徒は高い到達度を示しますが，しだいに授業の内容が高度になると，達成することが難しくなります。したがって多くの生徒は，実際に英語に関する知識や技能は上達していても，だんだん評価が悪くなるということを経験することになります。本来目標は，個々の生徒の状況に合わせて個別に設定されるべきものですが，通常，到達度評価ではこのような観点が取り入れられていないということも注意すべき点です。

Column ⑬ 偏差値

　偏差値はみなさんにもなじみ深いものでしょう。しかし偏差値はどのようにして計算されるか知っていますか。また偏差値にはどのような意味があるのでしょうか。

　たとえば国語と数学の試験の成績の得点分布が図 7-2 のようだったとしましょう。どちらの科目も平均点は 60 点です。けれども国語で 80 点をとったのと数学で 80 点とったのとでは，ずいぶん意味が違うように思いませんか。数学で 80 点であれば，かなり上位でそれより上の人は少ししかいませんが，国語では 90 点台の人もおり，80 点以上の人はかなりいます。数学の点数は平均点の近くに集まっていますが，国語の場合は低い点数から高い点数まで幅広く散らばっています。つまり平均が同じでも得点の散らばり方によって点数のもつ意味が異なってくると考えられます。

　得点の散らばり方を示すには標準偏差というものが使われます。いま 5 人の得点が

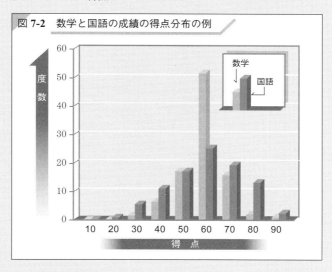

図 7-2　数学と国語の成績の得点分布の例

1　教育の成果を評価する

(A) 40, 40, 60, 70, 90

であったとしましょう。平均点は

$$\frac{1}{5}\times(40+40+60+70+90)=\frac{300}{5}=60$$

で60点です。

散らばりの程度を考えるために，まずそれぞれの得点と平均点のずれを計算し，これを二乗したものを合計し，さらにこれを人数で割って，人数の影響を受けないようにします。今の例では

$$\frac{1}{5}\times\{(40-60)^2+(40-60)^2+(60-60)^2+(70-60)^2+(90-60)^2\}$$
$$=\frac{1800}{5}=360$$

となります。この数値の平方根が標準偏差です。今の例では $\sqrt{360}≒18.9$ で19点くらいになります。

それでは

(B) 50, 50, 60, 70, 70

ではどうでしょう。この場合平均点はやはり60点ですが，標準偏差は9点ほどになります。(B)の方が得点の散らばり方が小さいですが，確かに標準偏差も小さくなっています。

平均点や標準偏差が異なる得点同士を比較するために平均が0，標準偏差が1になるように得点の平均からのずれを標準偏差で割った値を求めることがあります。これを z 得点といいます。

$$z\,得点 = \frac{得点-平均}{標準偏差}$$

z 得点は，平均から上か下に，標準偏差いくつ分ずれているかを示しているといえます。

偏差値は z 得点と同じ性質のものですが，平均が50，標準偏差が10になって，おおよそ20〜80くらいの間に数値がおさまるようにしたものです。

$$偏差値 = \frac{得点 - 平均}{標準偏差} \times 10 + 50 = z\,得点 \times 10 + 50$$

図 7-2 で国語の得点の標準偏差が 15, 数学が 10 だとすると, 国語での 80 点は, 偏差値にすると

$$\frac{80 - 60}{15} \times 10 + 50 \fallingdotseq 63$$

で約 63。数学での 80 点は,

$$\frac{80 - 60}{10} \times 10 + 50 = 70$$

ですから, 偏差値 70 となります。

図 **7-3** のような分布を正規分布といいます。たとえば何回も測定を繰り返したときの誤差は, このような正規分布になります。人間の身長もほぼこのような分布です。また○×式の問題 50 問にまったくでたらめに答えたときの得点の分布もこのような分布に近くなります。

正規分布では, 平均点の上下 1 標準偏差の間に約 68％の人が入ります。さらに上下 2 標準偏差の間に入る人は約 95％です。偏差値でいうと偏差値 40 〜 60 で 68％, 30 〜 70 で 95％という

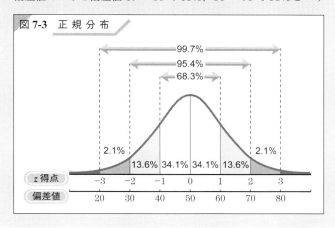

図 **7-3** 正規分布

> ことになります。試験の成績がほぼ正規分布していると、たとえば偏差値60であると成績のよい方からほぼ16%くらいのところにいることがわかります。大規模な学力テストや模擬試験のようなものでは、テストの得点が正規分布に近くなることが多いので、偏差値によって、大規模な集団の中での相対的な位置を手軽に知ることができます。しかし得点が正規分布するようなテストが常に良いテストであるというわけではありません。教師がある単元について、自作のテストを作成したとき、完全習得学習によってどの子どもも理解できているのであれば、そのテスト得点の分布は、ほぼ満点に近いところにすべての子どもが集中するはずで、正規分布とは異なったものになるでしょう。このような場合には偏差値は意味をもたないでしょう。偏差値は相対評価のひとつの指標ですが、この場合評価の目的からすれば、到達度評価が求められているといえるからです。

いつ評価するのか

評価を行う時期によって、評価を分類することもできます。教授学習活動の前に行う評価を **診断的評価**、後で行うものを **総括的評価** といいます。さらに、教授活動の途中で行われるものが **形成的評価** です。

英会話の学校に行くと最初に簡単なテストをして、その結果自分に合ったレベルのクラスに入ることになります。これは診断的評価の例です。これからの学習の前提となる能力が獲得されているかどうかをあらかじめ調べておく必要があるわけです。面積の計算の単元の前に多数桁の掛け算ができているかどうか前もって簡単なテストを行うなども、診断的評価にあたります。また、前章でみたように生徒の特性によって、適した学習方法が異なって

くるかもしれません。ですから学力だけでなく，知能や性格，生徒のもつ興味，関心，学習そのものについての考え方などをあらかじめ調べるのも，広い意味での診断的評価といえるでしょう。

ひとつの単元などのようにあるまとまった教授活動の終わりに，その成果を評価するのが総括的評価で，一般に評価というとこの総括的評価が思い描かれるでしょう。しかし，教育指導のための評価という観点からすると，教授活動の途上で行われる形成的評価こそ最も重要であると考えられます。当初教師が用意した教材を生徒の大多数がよく理解しなかったり，興味を示さなかったとき，教材を差し替えたり，予定を変えて補習を行ったりする必要が生じます。教育活動の過程で教育目標や指導方法を柔軟に調整するために，いまの生徒の状況を把握する評価活動が形成的評価なのです。

いま，評価する時期によって形成的評価と総括的評価を区別しました。しかしこれは教育活動をどのくらいの期間で考えるかによって相対的に決まってくるものです。たとえば学期末試験はその学期での学習の成果を見るという意味で総括的評価ですが，より長い目で見て，その評価により次学期の目標や指導方法を修正していくとすれば，それは形成的評価ととらえることもできます。

私たちはともすると評価を総括的評価としてとらえがちではないでしょうか。評価は点数をつけたり，通知表をつけたりして終わりというのではなく，生徒の次の学習や次の教授に生かされるような形で評価を考えることが大切です。

誰が評価するのか

教育評価は通常，教師によって行われています。ところが，近年，このような他

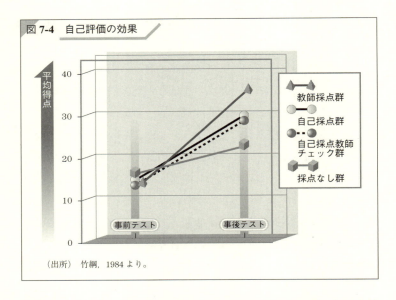

図7-4 自己評価の効果

(出所) 竹綱, 1984より。

者評価のほかに、児童・生徒自身による **自己評価** や児童・生徒同士の **相互評価** の重要性が指摘されています。自分自身の行動に対して自分で報酬や罰を与える **自己強化** という考え方があります（第3章参照）。自己強化が行動の変容や動機づけに対して効果があるとするならば、自分の学習成果について自分で評価することも、学習行動や学習への動機づけについて効果をもちうると考えられます。たとえば竹綱（1984）は、実際の小学校での漢字学習を対象として、教師が採点する群（教師評価）と自分で採点する群（自己評価）を設け、自己評価の効果を検討しています（図**7-4**）。それによると自己評価群は、教師評価群ほどではないものの、採点を行わない群と比較して、漢字の試験成績が上昇しており、自己評価が学習に対して促進的であることを示しています。この研究では自分で採点したものを教師にチェックしてもらう群

も設けていますが、この群も自己採点群と同様の結果でした。自己採点群の子どもたちは、いい加減に採点しているわけではなく、そこでは自律的な学習が成立していることが示唆されます。

評価を生徒の学習を支援するものとしてとらえ、また学力を自ら学んでいく力としてとらえるならば、自己評価はこのような意味での学力を育てるものとして大変重要であるといえるでしょう。

2 評価のための情報を得る方法

学力を知る

評価のための情報を得る方法として最もよく用いられているのは、教師自作のテストでしょう。テストも質問の形式などからいくつかの種類に分けることができます。また生徒の興味や関心などを調べるために、テストとは違った方法をとることもあります。生徒の学力や興味を知るための方法としては以下のようなものがあります。

● 客観式テスト

客観式テストは頻繁に用いられているものです。これは質問文の正誤を答える、いくつかの選択肢から正しい答えを選択する、2つの語群の間で関連のある組み合わせをみつけだす、などの再認形式のものと、質問文中の空欄に単語を入れる、語を並べ換えて文章を完成させる、間違いをみつけてそれを訂正するなどの再生形式のものとがあります。こうした方法は、正答や配点を明確に示すことができ、採点者によって得点が変わることがないという意味で客観的な方法といえます。

しかし、安易につくられた客観式テストでは、断片的な知識の

有無を問うことになりがちです。また選択肢もあまり考えずにつくると，最初と最後に正答がある割合が低くなるとか，正答である選択肢がいろいろな条件を加えるため長くなりがちである，といったことが見られたりします。一方，生徒の誤りを分析し，誤ったルールによる誤答や，ルールの欠如から予想される誤答などを選択肢に用いるなどの工夫をすれば，生徒の思考過程を調べることもできるでしょう。

● **論述式テスト**

設問に対して，小論文のようにある程度の長さの記述を要求する方法です。生徒の理解の程度や論理的な思考ができているかどうか，あるいは表現力などを知ることができます。しかしながら，解答に時間を要するので多くの設問を与えることができず，設問の仕方によっては，学習した内容を幅広く反映せずに偏ってしまうこともあります。また客観式テストと比較して，採点者による判断，採点の食い違いが起こりやすいなどの点が問題となります。

● **作品・制作物による方法**

生徒が制作した作文，絵画などの作品によって，生徒の興味，関心，思考，技能などを評価することができます。実技系の科目では技能を評価する手段としてよく用いられています。こうした方法の場合，評価者による主観的な影響がさらに現れやすくなります。事前に考えていた評価基準が，評価している途中で揺らいでくるということも起こりえます。評価しながら基準そのものを見直してより明確なものにし，あらためて全員について再度評価するといった工夫も必要でしょう。

● **観　察　法**

生徒のふだんの授業での学習の状況，挙手や発問などを観察す

ることによって評価のための情報を得ることができます。こうした観察は，日々の授業での生徒の理解度，興味・関心を知るうえで大変重要であり日常的に行われてもいます。観察による評価によって，教師は日々の指導を修正していくことになります。形成的な評価にとって観察は多くの有用な情報を与えてくれます。しかしながら日常的な観察は，観点があいまいなままはっきりと意図せずに行われていることが多く，そうした場合にはたまたま教師の目にした場面のみで評価されたり，目立つ生徒のみが肯定的あるいは否定的に評価されたりしかねません。観察の場面や観点を明確にしたり，行動としては現れない側面を知るために質問紙法など，ほかの方法による情報と比較してみるといったことも大切でしょう。

● 質問紙法

　これは狭い意味での学力を知るためのものではありませんが，児童・生徒の興味や関心，あるいは特性を知るために一定の質問項目に対する回答を求める方法です。学力を知るための客観式テストと異なり，回答には正誤がありません。コンピュータなどの機械に対して何となく不安や苦手意識があるといった，行動には現れにくい内面的なことがらを知ることができます。また，教師の指導方法についての生徒の意見を聞き，それを指導方法を考えるうえで参考にするということもできるでしょう。質問紙による調査は比較的手軽に行うことができますが，質問したいことをいきあたりばったりで質問するのではなく，やはりテストと同じように後述する信頼性や妥当性にも配慮して項目を作成する必要があります。

知能を知る

教科の学習を行っていくうえで、その基礎となる総合的・全般的な能力としての知能を測るために **知能テスト**（知能検査、第9章も参照）があります。知能テストは、個人で実施する個別式のテストと集団式のテストに分けることができます。

個別式テストの代表的なものとしては、ビネーとシモンのビネー式知能検査やウェクスラーによるウェクスラー式知能検査などがあります。ビネー式知能検査は、もともと就学が困難で特別な教育を必要とする児童を見つけ出す目的で作成されたもので、全体的な知能の水準を測定しようとするものです。一方ウェクスラー式知能検査は、ビネー式知能検査が児童向けであったのに対して、成人の知能を測定しようとしたものですが、成人用検査である WAIS（Wechsler Adult Intelligence Scale）のほかに児童用検査 WISC（Wechsler Intelligence Scale for Children）、就学前児用検査 WPPSI（Wechsler Preschool and Primary Scale of Intelligence）、もあります。ウェクスラー式知能検査は、大きく言語性のテストと動作性のテストとに分かれ、さらに言語性のものでは知識や単語、算数のテストなどの、動作性のものでは絵画完成や積木模様のテストなどの下位テストから構成されています。つまりウェクスラー式知能検査ではビネー式知能検査と異なり、知能をその側面を反映するいくつかの下位テストの得点のプロフィールとして構造的に示そうとしています。さらに近年では、知的活動の内的な過程に着目した知能テストである ITPA（Illinois Test of Psycholinguistic Abilities）も用いられるようになってきています。ITPAでは個人の中でどのような機能に問題があるかが見出せるようになっており、学習障害（LD：第11章2節参照）の子どもの診断の

ためによく用いられています。

　集団式テストは，元来軍隊における兵員の配置のために作成されたもので，英語を理解し話せる者のための言語式（アーミーα式）と英語がわからない者のために言葉を使わず図形や記号を用いた非言語式（アーミーβ式）とがあります。後者は迷路のテストや立方体の数を推測するテストなどからなるものです。

　このように知能テストといってもさまざまなものがあり，そこにはテスト作成者の知能に対する考えや問題意識が反映されています。知能テストを利用する場合にはそうした背景についても理解したうえで適切なものを選択する必要があるでしょう。

性格を知る

　性格を調べるためのテストは主に**質問紙法**，**作業検査法**，**投影法**の3つに分類されます。

　質問紙法は行動や思考・感情についての質問項目を多数用意して，被検査者が自らそれに答えるというものです。質問項目の形式には，たとえば，

- ちょっとしたことでもすぐ腹が立つ
- 注意を集中するのが苦手である
- 社交的なつきあいをするのがきらいである

といった文に，はい，いいえで答えるものとか，

　　A　自分のことは自分できめたい
　　B　困っている人を助けたい

というように2つの文の組が示され，いずれか自分の気持ちに近い方を選択する，などといったものがあります。前者の形式による代表的な検査としてY-G（矢田部・ギルフォード）**性格検査**が

図7-5　Y-G性格検査のプロフィール例

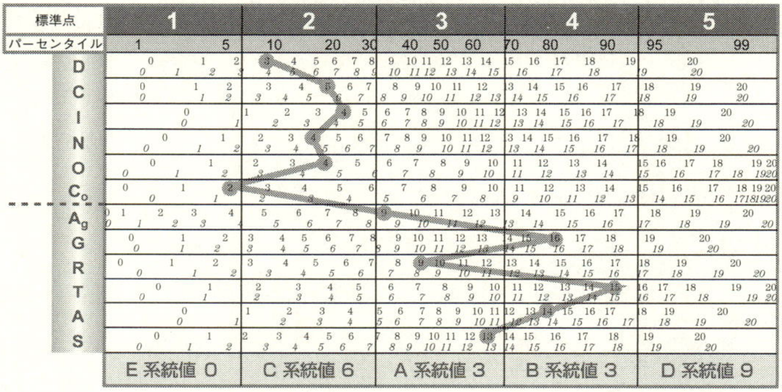

（出所）辻岡, 1982より。

あります。これは「抑鬱性」「神経質」や「社会的外向性」など12の特性について，その人が他の一般の人と比べその特性が相対的に強いのか，弱いのかを示します。たとえば図7-5の例では，「抑鬱性」(D) や「神経質」(N) な傾向は図の左寄りに位置しており，相対的に弱い傾向が見られます。逆に「活動性」(G) や「攻撃性」(T) は，右に位置しており，相対的に強い傾向があることがわかります。

質問紙法は被検査者自身が性格や行動の特徴を示した文に答えるのですから，意識的にしろ無意識的にしろ自分自身を良くみせようとすることによって回答が歪んでしまうことが懸念されます。そこで社会的には望ましいが，だれもそうはしないようなこと，逆に望ましくはないが，みんながしていそうなことを質問する項目を用意し，良くみせようとする傾向が顕著であるかどうかをチェックするという方法もとられています。

作業検査法 は，簡単な作業を行わせその作業量の変化などから

図7-6 内田－クレペリン検査の例

２つの数を足して，その１の位を間に書く

図7-7 ロールシャッハテストに似せてつくった図版の例

何に見えますか

性格を見ようとするもので，１分単位で簡単な足し算を行わせる内田―クレペリン検査が代表的です（図7-6）。作業検査では，被検査者は性格を調べられているとは思わず，ただ作業をするだけですので，質問紙法でみられるような自分を良くみせようとする影響は，起こりにくいと考えられます。

　直接性格や行動について質問するのではなく，あいまいな刺激に対する反応の違いからその人の性格をみようとするものが投

影法と呼ばれるものです。たとえば，インクのしみのようなあいまいな図に対して，ある人は「チョウチョ」だと言い，別の人は「熊」だと言うかもしれません。インクのしみのような図を見せ何に見えるかを問うのは**ロールシャッハテスト**と呼ばれ，投影法の代表的なものです（図7-7）。回答の内容だけではなく，被検査者が図版の全体に反応しているのか部分に反応しているのか，といった形式的な分析をとおして被検査者の性格をみようとするものです。また，人物の描かれた図版を見せ，その状況や起こっていること，今後起こるであろうことなどの物語をつくらせる**TAT**（主題統覚検査）もロールシャッハテストとともに投影法の代表的な検査です。質問紙法では被検査者が直接ふだんから意識していることについて回答するわけですが，投影法ではあいまいな刺激に対する反応の仕方の中に被検査者が意識していない性格が投影されると考えられているのです。こうしたテストの結果の解釈には検査者の熟練が必要であり，検査者の判断による影響がほかの方法よりも大きくなっています。

良いテストとは

表7-1のデータは，1枚の地理の論述式問題の解答を複数の高校の地理の教師に採点してもらった結果をまとめたものです。採点基準が教師によって異なることがわかります。採点が教師によって大きく異なるのは好ましいことではないでしょう。そこで文の長さや使用されている述語の数によって加点し，誤字脱字によって減点することにしてみてはどうでしょう。このときには教師による採点の違いはほとんどなくなるでしょうが，これも良いテストとはいえないでしょう。それではどのようなテストが良いテストなのでしょ

うか。

テストの良さを考えるのに2つの視点があります。それは信頼性と妥当性です。**信頼性**とは、テストというものさしが、測るごとに伸びたり縮んだりしないという意味での正しさです。採点者によって得点が大きく異なるとか、類似した内容の2種類の算数の学力テストを受けたのに得点が大きく異なるという場合には、いずれも信頼性に乏しい、ということになります。また性格テストのような場合、ごく短期間で結果が食い違うようなものは信頼性が低いといえるでしょう。

表7-1 557名の教師による1枚の地理の答案の採点

評　点	教師の数
89 〜 91	1
86 〜 88	4
83 〜 85	5
80 〜 82	17
77 〜 79	14
74 〜 76	40
71 〜 73	57
68 〜 70	95
65 〜 67	102
62 〜 64	75
59 〜 61	66
56 〜 58	40
53 〜 55	24
50 〜 52	9
47 〜 49	4
44 〜 46	2
41 〜 43	1
38 〜 40	1
計	557

（出所）　肥田野，1950より。

妥当性はテストが本来測ろうとしているものを正しく測っているという意味での正しさに関する概念です。先の論述問題で、誤字脱字で減点することにして採点者間の不一致をなくし信頼性を高めたとしても、これでは本当に測りたい地理の学力を測っているとはいえず、妥当性がないことになります。

客観式テストの場合には、採点者による差異はなく、そういう意味では、信頼性があるといえますが、それだけでは妥当性があ

るかどうかはわかりません。算数の学力テストとして単純な計算問題ばかりを出題したとすると、それは計算力のテストではあるかもしれませんが、算数の学力テストとはいえないでしょう。どのような側面をテストしたいのか、このテストで評価したい教授活動の目標は何だったのかを明確にし、さまざまな側面をまんべんなく反映するような問題を選ぶ必要があります。また、単にテスト慣れしていて選択肢の形式的な特徴（順番や長さ）を分析することで得点を高めることができたり、あるいはいきなり非常に難しい問題から始まっていてあがりやすい人にとっては過度に不利になるなど、本来測定したい学力とは異なった要因によって得点が大きく左右されないようにする配慮も必要となります。

まとめ　　　　　　　　　　　　Summary

　教育評価を児童・生徒の能力を査定し、選抜するためのものとしてだけとらえるのではなく、教育活動の一環として、教育目標や指導方法を修正していくためのものとしてとらえることが重要です。また評価は、生徒の学習を支援するという観点から、生徒自身に必要な情報を与えるという機能ももっています。

　評価する基準の違いによって、教育評価は相対評価、到達度評価、個人内評価に分けられます。また評価する時期によって、診断的評価、形成的評価、総括的評価を区別することができます。さらに評価する主体の違いに関して、教師による生徒の評価だけではなく、生徒自身による自己評価を考えることもできます。生徒の学習を支援するという観点から、これらのさまざまな評価のあり方を考えてみる必要があります。

　生徒の学力を知るには、主にテストが用いられます。テストに

はさまざまな種類がありますが，テストの良さについては，信頼性と妥当性という2つの観点があります。

梶田叡一『教育評価』第2版補訂2版，有斐閣，2010
　●形成的評価，到達度評価の考え方を主軸に，具体的な評価方法や教育評価の歴史までを要領よくまとめた本です。

ギップス，C. V.（鈴木秀幸訳）『新しい評価を求めて──テスト教育の終焉』論創社，2001
　●第1，2章でふれたような学習についての認知心理学的な考え方の発展にともなって評価についての考え方も変化してきました。近年日本でもポートフォリオ評価などに関心がもたれていますが，同書によって測定とは異なった評価についての新たな考え方の展望を得ることができるでしょう。

渡部洋編『心理検査法入門──正確な診断と評価のために』福村出版，1993
　●知能検査，発達検査，性格検査などを紹介するとともに，良い検査であるために必要な信頼性や妥当性について解説しています。

第8章 人間の発達について考える

人間は誕生後，心身ともに成長していきます。特に，生まれてから中学あるいは高校時代までの発達の早さには驚かされます。ところで，発達を規定する要因は何でしょうか。みなさんがいまの自分に成長してきたのは，何によると思いますか。この章では，人間の発達について考える材料を提供します。

1 発達とは

> **発達段階**

発達とは，胎児が成熟した個体に成長するまでの，形態や行動が変化していく過程のことをいいます。人間は，誕生から老年期まで一生涯をとおして，身体的な成長のほか，知的能力，言語能力，運動能力，人格や社会性などのさまざまな側面において発達していきます。身体的な発達は量的な変化としてとらえることができますが，知的能力の発達や人格発達は質的な変化としてとらえることになります。人間の発達はいくつかの段階に分けることができます。**表8-1** は，胎児期から老年期までの年齢期間と主要な特徴をまとめたものです。児童期後期の始まりが小学校入学の時期に，青年期の始まりが中学入学の時期に合致しています。学校制度は，人間の発達段階にうまく対応していることがわかります。また，この表には，それぞれの発達段階と，ピアジェ，フロイト，エリクソンの発達理論の各段階との対応を示しました（ピアジェの理論は第9章で，フロイトとエリクソンの理論は第10章で詳しく述べます）。

> **成熟と学習**

身体的な発達は生物学的なものといえます。栄養を摂ることによって，成長していくことになります。一方，知的能力や人格の発達を規定する要因には，**成熟**の要因と**学習**の要因があります。どちらの要因が重要なのでしょうか。ゲゼルとトンプソン（Gesell & Thompson, 1929）は，成熟と学習のどちらが発達に強く影響するのかにつ

表 8-1 生涯発達の諸段階

段階	年齢期間	主要な特徴	認知的段階（ピアジェ）	心理性的段階（フロイト）	心理社会的危機（エリクソン）
胎児期	受胎から誕生まで	・身体の発達	—	—	
乳児期	誕生（熟産）から約18カ月まで	・移動運動の確立 ・言語の未発達 ・社会的愛着	感覚運動期	口唇期 肛門期	信頼 対 不信 自律性 対 恥, 疑惑
児童期前期	約18カ月から約6歳まで	・言語の確立 ・性役割の獲得 ・集団遊び ・就学「レディネス」とともにこの段階は終わる	前操作期	男根期（エディプス期）	自発性 対 罪悪感
児童期後期	約6〜13歳まで	・操作の速さを除いて, 多くの認知過程が大人となっていく ・チーム遊び	具体的操作期	潜在期	勤勉性 対 劣等感
青年期	約13〜20歳まで	・思春期の始まり ・成熟の終わり ・最も高度のレベルの認知の達成 ・両親からの独立 ・性的関係	形式的操作期	性器期	同一性 対 同一性拡散
成年期	約20〜45歳まで	・職業と家庭の発達			親密性 対 孤独
中年期	約45〜65歳まで	・職業が最高のレベルに達する ・自己評価 ・「空っぽの巣」の危機 ・退職			生殖性 対 停滞
老年期	約65歳から死まで	・家族や業績を楽しむ ・依存性 ・やもめ暮らし ・健康の弱さ			統合性 対 絶望
死	—	・特別な意味をもった「段階」			

（出所） Zimbardo, 1980, 訳書 248 頁より。

いて調べました。1組の女児の一卵性双生児を対象にして，以下のような手続きで実験を行いました。生後46週目になった時点で，一方の幼児Aだけに階段上りと積木操作の訓練を始めました。最初は援助なしに階段を上ることができませんでしたが，52週目には援助なしに26秒で上ることができるようになりました。他方の幼児Bは53週目の訓練開始時に援助なしに45秒で上ることができ，2週間後にはわずか10秒で上りきることができました。積木の操作についても，53週目にはじめて積木に触れたBは，Aと同様に積木の操作ができることがわかりました。この結果から，ゲゼルたちは，発達が成熟の要因に強く規定されるという結論を出しました。

　しかしながら，私たちは学習の要因が発達を促すという事実を知っています。学校や家庭でのさまざまな経験は，知的能力や人格の発達などに大きく貢献しています。ただ，その場合にも，学習が成立するためには，学習者に**レディネス**（学習のための準備性）が備わっていなければなりません。レディネスの考え方には，成熟という意味合いが含まれます。レディネスの成立より早すぎることも遅すぎることもない，最適な時期に学習すると，最も効果的に学習内容を習得することができます。

　現在では，発達を規定する要因は学習か成熟かという議論はあまりされなくなりました。その理由は，今日では，ピアジェの理論に代表されるように，2つの要因が相互作用しながら発達を促しているという考え方が一般的に受け入れられているからだと考えられます。

2 遺伝と環境

> 家 系 研 究

　発達を規定する要因としての成熟か学習かの問題は，発達心理学においては遺伝か環境かの問題としても論じられてきました。人間の発達は **遺伝** によって規定されるのでしょうか，それとも **環境** によって規定されるのでしょうか。みなさんは，どのように考えますか。遺伝が発達に及ぼす効果を調べる方法として，**家系研究** があります。親子やきょうだいは類似した遺伝要因をもっています。彼らがどれくらい似ているかを調べることによって遺伝の影響を検討できるという前提で，家系研究が行われました。音楽家のヨハン・セバスチャン・バッハの家系を図 **8-1** に示します。数多くの著名な音楽家が輩出されていることがわかります。このことから，音楽の才能は遺伝するという結論が導かれました。それ以外でも，相撲，体操，ハンマー投げなどのスポーツにおいて，2 世選手が活躍していることを，私たちはよく知っています。このような事例が新聞などに報道されるときには，血は争えないという表現によって遺伝要因の影響が示唆されています。

　一方，ダグデールによって 1877 年に報告された，ジューク家の家系研究があります（小川・椎名，1982 による）。ある地方刑務所に親類 6 人が収容されていました。彼らは，同じ事件で服役していたのではなく，各々が別々に罪を犯して服役していたのです。このことに関心を抱いたダグデールが詳しく調べたところ，さらに 17 人の親類がほかの刑務所に服役していることがわかりまし

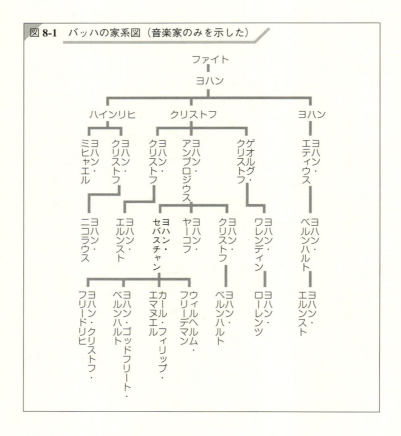

図 8-1 バッハの家系図（音楽家のみを示した）

た。ダグデールは彼らの家系をさらに綿密に調べ，7代前のマックス・ジュークという男にまでさかのぼることができました。彼はジューク一族の709人を調べ，140人が刑務所に服役し，そのうち60人は強盗常習犯であることをつきとめました。

　バッハ一族やジューク一族の家系研究から，近親者に類似の能力や人格をもつ者がきわめて高い確率で輩出されていることは確かなようです。このような結果は，人間の発達が遺伝によって強

く規定されることの証拠だと考えられます。

　これらの家系研究から得られた結論に対して、みなさんはどのように感じられますか。何かしら腑に落ちないという印象をもつのではないかと思います。実は、そのとおりなのです。確かに、親子やきょうだいといった近親者は遺伝的に近い要素をもっていますが、彼らは同時に同じ家庭で生活しています。つまり、環境的にも近い要素をもっているのです。今日では、家系研究によって遺伝要因と環境要因の発達に及ぼす影響を論じることはできない、と考えられています。バッハ一族に生まれた子どもは、音楽的には恵まれた環境の中で生活することになります。彼らが音楽においてすばらしい能力を発揮したのは、その環境のせいだったのかもしれないのです。ジューク一族に犯罪者が多かったのは、犯罪に引き込まれる可能性が大きかったからかもしれません。あるいは、社会がジューク一族を排他的に扱うことが、彼らを犯罪行為に向かわせたのかもしれないのです。つまり、犯罪を犯しやすい環境だったともいえるのです。同じ家系で似たような能力をもっている者がいたとしても、それが遺伝要因と環境要因のどちらの影響によるものなのかを明らかにすることはできないのです。

双生児研究

　家系研究では遺伝要因と環境要因を分離することができませんでしたが、これら2つの要因を分離して、この問題を検討する方法があります。それは双生児研究法と呼ばれるものです。双生児には、一卵性双生児と二卵性双生児の2種類があります。一卵性双生児は遺伝的には同一の個体です。したがって、もしも一卵性双生児のペア間に違いがあれば、それは環境の違いのために生じたことになります。

Column ⑭ 相関とは

　親子のIQや学力はどの程度似通っているのでしょうか。一卵性の双生児の場合の方が，二卵生の双生児の場合よりもお互いに似ているのでしょうか。このような問題を考えるには，親と子のIQのように対になった得点同士が似ている程度を数値として示すことができると便利です。このような2つの量の関係を示す指標が相関係数です。

　図8-2は，ある高校の英語の成績です。横軸に1学期の成績，縦軸に2学期の成績をとり，1人の生徒の成績を図中の1つの点として示しています。点は左下から右上にかけて斜めに多く分布しており，1学期の成績が良い生徒は，2学期の成績も良い傾向がある，つまり1学期の成績と2学期の成績とに関連性があることがうかがえます。

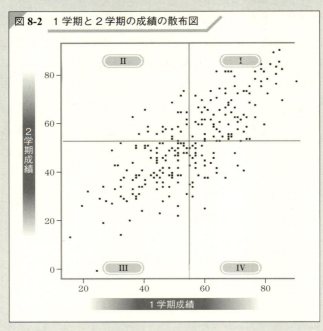

図8-2　1学期と2学期の成績の散布図

図中に1学期の成績と2学期の成績の平均点を直線で書き込むと、図の領域を4つに区分することができます。領域Ⅰは、1学期も2学期もともに平均以上、領域Ⅲは、1学期も2学期もともに平均以下、領域Ⅱは、1学期は平均以下ですが、2学期は平均以上になっています。ある生徒について、1学期の成績の平均からのずれと2学期の成績の平均からのずれの積を考えてみると、領域Ⅰ,Ⅲにある場合はともに正、領域Ⅱ,Ⅳでは負となります。1学期の成績が良ければ、2学期の成績も良いという正の関係があるときには、領域Ⅰ,Ⅲの点が多く、領域Ⅱ,Ⅳの点は少なくなります（このあとは統計学の専門的な話になりますので、わかりにくいかもしれません）。このような場合には、各学期の平均からのずれの積をすべての生徒について合計し、生徒の数で割ったもの（これを共分散と呼びます）を考えると正の大きな値になることが予想されます。もし1学期の成績と2学期の成績との間に関連性がないとすると、領域Ⅰ,Ⅲと領域Ⅱ,Ⅳに同じように点があるはずで、共分散は、正負が打ち消しあって0に近くなることが予想されます。

　身長と体重との間にも、一方が大きいと他方も大きいという正の相関関係があることが予想されます。しかし、身長と体重について共分散を計算するとすると、身長をセンチメートルで測ったかメートルで測ったかによって、共分散の値は異なってしまいます。これは関係の程度を示す指標としては望ましくないので、単位の影響を受けないように共分散をそれぞれの量の標準偏差で割ったものが相関係数（特にピアソンの積率相関係数）と呼ばれるもので、2つの量の関係の程度を示す指標としてよく利用されます。

　相関係数は、−1から1までの数で、絶対値が1を超えることはありません。その絶対値が大きいほど、2つの量の間の関連の度合いが強いことを示します。2つの量の間に、まったく関係がなければ、相関係数は0となります。2つの量の間に、

図 8-3 いろいろな相関関係と相関係数

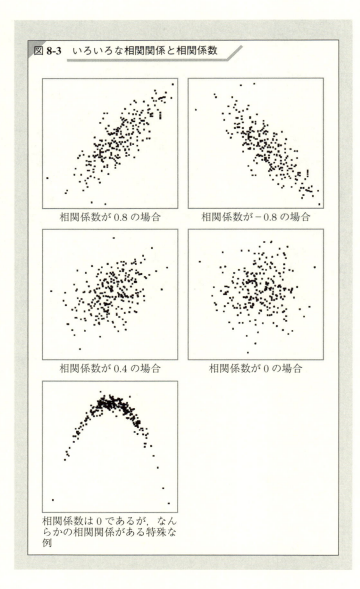

相関係数が 0.8 の場合　　相関係数が −0.8 の場合

相関係数が 0.4 の場合　　相関係数が 0 の場合

相関係数は 0 であるが，なんらかの相関関係がある特殊な例

> 一方が増加すれば，他方も増加するという関係があれば，相関
> 係数は正，逆に一方が増加すれば，他方は減少するという関係
> があるときは，負となります（図8-3）。図8-2で示した高校生
> の英語の成績の例では，相関係数は0.75です。

一方，二卵性双生児は遺伝的にはきょうだいと同じ関係にあります。一卵性双生児とは異なり，きょうだいや二卵性双生児は遺伝的には同一の個体ではありません。したがって，二卵性双生児のペア間の違いは，遺伝と環境の両方の影響ということになります。一卵性双生児のペア間の違い方（違いの原因は環境）と二卵性双生児のペア間の違い方（違いの原因は遺伝と環境の両方）を比較することによって，遺伝と環境の発達への影響力を調べることができることになります。これが，双生児研究法の考え方です。

双生児は通常同じ環境で育てられますから，一卵性双生児の似方と二卵性双生児の似方がほとんど同じなら，環境の影響が大きく遺伝の影響は小さいことになります。しかし，一卵性双生児の似方の方が大きい場合には，遺伝の影響が強いことになります。通常，似ている程度を数量的にとらえるために，相関係数（*Column* ⓮）を求める方法がとられます。相関係数が大きいほど，より似ていることを意味します。

ニューマンら（Newman et al., 1937）は，同じ家庭で育った50組の一卵性双生児と50組の二卵性双生児の合計200人を対象にビネーの知能検査を実施し，それぞれの知能の相関を調べました。その結果，一卵性双生児の相関係数は0.80，二卵性双生児の相関係数は0.63でした。一卵性双生児の方が似ているということ

は,知能が遺伝の影響を受けることを示したことになります。アイゼンク (Eysenck, 1979) は,一緒に育てられた一卵性双生児と二卵性双生児のほかに,異なる環境で育てられた一卵性双生児やきょうだい,あるいは同じ環境で育った血縁関係のない者同士や養子とその親の間の知能の相関を検討した多くの研究を調べ,**表8-2** のようにまとめました。表の中の相関係数の値は,調べた研究結果の中央値を示しています。一緒に育てられた血縁関係のない者同士の知能の相関係数は,別々に育てられたきょうだい間の相関係数とあまり変わらない高さでした。この結果は環境要因の影響の強さを示唆するものです。

ニューマンらとアイゼンクの研究結果から,いくつかの興味深いことがわかります。一緒に育てられた一卵性双生児と二卵性双生児の相関からは遺伝の影響の強いことがわかります。ところが,同じ一卵性双生児であっても,一緒に育てられた一卵性双生児の相関が強いことからは,環境の影響力も強いことがうかがえます。

一方,1958年にアナスタシーは,別々の環境で育った19組の一卵性双生児を調べています(井上,1979による)。別れたときの年齢,検査時の年齢,通学年数,教育的環境差,社会的環境差および知能指数の差を調べました。環境差(教育的,社会的)とは,環境の好ましさの判定基準(5基準各10点満点)を作り,それにもとづく対の2人の環境得点の差を求めたものです。知能指数の差は環境得点の大きい方(環境のよい方)から小さい方を引いたものです。そして,対になる2人の教育的環境差の大きい順に並べ,得点差をまとめたものが**表8-3**です。知能指数の差が大きいペアは,表の上半分に比較的多くみられます。これらのペアに共

表 8-2　血縁の程度と知能の相関の程度

血　縁　の　程　度	同　居		別　居	
	研究数	相関係数の中央値	研究数	相関係数の中央値
他　人　同　士	7	0.25	4	− 0.01
養い親―子ども	6	0.19		
同じ両親から生まれた同胞	35	0.49	3	0.34
実の親―子ども	12	0.50	3	0.32
二　卵　性　双　生　児	20	0.53		
一　卵　性　双　生　児	14	0.87	4	0.75

（出所）　Eysenck, 1979 より。

表 8-3　別々に育てられた一卵性双生児の対差

番号	性	別れたときの年齢	検査時の年齢	環　境　差			知能指数の差
				通学年数	教育的	社会的	
1	女	18 月	35	14	37	25	24
2	女	18 月	27	10	32	14	12
3	男	1 年	27	4	28	31	19
4	女	5 月	29	4	22	15	17
5	女	18 月	29	5	19	13	7
6	女	18 月	19	1	15	27	12
7	男	2 年	14	0	15	15	10
8	女	3 月	15	1	14	32	15
9	男	2 月	23	1	12	15	− 2
10	女	6 月	39	0	12	15	− 1
11	女	14 月	38	1	11	26	4
12	男	1 月	19	0	11	13	1
13	女	1 年	12	1	10	15	5
14	男	1 年	26	2	9	7	1
15	男	1 月	13	0	9	27	− 1
16	女	6 年	41	0	9	14	− 9
17	女	2 年	11	0	8	12	2
18	女	3 年	59	0	7	10	8
19	男	1 月	19	0	7	14	6

（出所）　井上，1979 より。

2　遺伝と環境

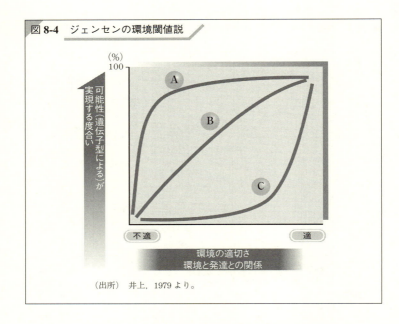

図 8-4 ジェンセンの環境閾値説

(出所) 井上，1979 より。

通しているのは，別れたときの年齢や検査時の年齢ではなく，教育的環境値および社会的環境値の差であることがわかります。以上の研究結果は，遺伝の影響はみられるけれども，環境の影響もかなり大きいことを示しています。

　発達を規定する要因は遺伝か環境かという問題について，明確な結論を出すことはできませんでした。そこで，最後に，この問題を考える手がかりになる，1968 年のジェンセンの**環境閾値説**という仮説を紹介しておくことにします（井上，1979 による）。この考え方は，人が遺伝的にもっている能力が開花するかどうかに環境が閾値として作用し，特性（習得すべき課題，あるいは発揮すべき能力）によって閾値の水準が異なるというものです。**図 8-4**にA，B，Cという3つの特性を示しました。Aのような特性と

しては身長が挙げられます。身長は，環境要因の閾値がかなり低いと想定されます。必要最低限の栄養さえ摂取していれば，後は遺伝的に規定されたレベルまで発達すると仮定されています。したがって，閾値以上の栄養をいくら摂っても，その効果はないと考えられます。Bのような特性としては，テストの成績といった学力があります。環境がよくなればよくなるほど，可能性が実現すると考えられます。Cの特性としては，語学や楽器の演奏などが想定されます。このような特性は閾値が高く，かなり恵まれた環境が整えられてはじめて可能性が開花すると考えられています。実はジェンセンは遺伝論者でした。遺伝的にもっている潜在力というものを仮定しているという点に，彼の考え方が反映されています。しかしながら，この仮説は，人間の発達を考えるうえで興味深い考え方といえます。

3 学習の臨界期と敏感期

学習の臨界期　動物行動学者のロレンツ（Lorenz, 1952）は，ハイイロガンのヒナが生後10数時間以内に刺激対象が与えられないと追従反応が生じないことを見出し，この時期を **臨界期** と名づけました。つまり，その時期を逃すと，もはや学習することができなくなるのです。ヘス（Hess, 1958）は図 **8-5** のような装置を使って，その時期を体系的に調べています。孵化後4時間以内，8時間以内というように，4時間きざみで8つの条件を設定しました。カモのヒナを装置の中に置き，回転している模型の親ガモを10分間提示しました。その後，

図 8-5　実験室で刷り込みを観察するための装置

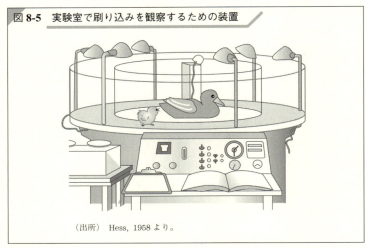

(出所) Hess, 1958 より。

図 8-6　各条件の追従反応の生起率

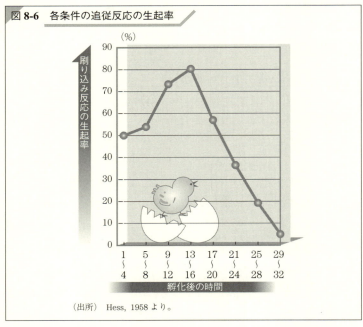

(出所) Hess, 1958 より。

それぞれのヒナにその親ガモへの追従反応が生じるか否かを調べました。その結果は、図**8-6**のとおりでした。孵化後13〜16時間条件で追従反応の生起率が最大になり、29〜32時間条件ではほとんど生じませんでした。

ヘスの実験からもわかるように、カモのヒナは臨界期に見た動く物体（模型であっても）を親だと学習し、追従行動をとるのです。通常の自然界における孵化は、最初に見る物体は親ですから、親に追従することになります。このことによって、無力なヒナが親の加護の下で生き延びることができるのです。ロレンツは、ハイイロガンのヒナが孵化した後、自分だけがそこにいるようにしました。すると、ヒナはロレンツが親であると学習してしまったのです。その後に学習する可能性がないわけですから、そのハイイロガンのヒナはロレンツを親だと思い、彼が歩くときも泳ぐときも彼の後を追い続けたのです。しかも、そのハイイロガンの生涯にわたりそのことを消し去ることができませんでした。このように、生後間もなくの限られた時間内に生じ、再学習することが不可能になる学習現象を、ロレンツは**刷り込み**（刻印づけ、**インプリンティング**）と名づけました。

学習の敏感期

ある時期しか学習できなくて、それを超えると学習することが不可能になるという臨界期が、人間にもあるのでしょうか。確かに、人間の発達においても、与えられた経験の効果が大きくなる時期というものはあるようです。

そういう意味では、人間にも緩やかな意味での臨界期というものはあります。しかし、人間の場合には臨界期というほどの強い

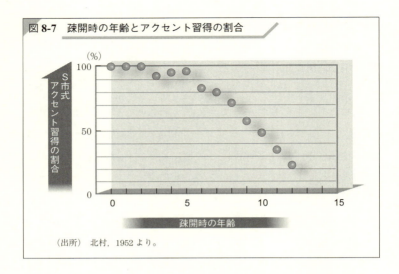

図 8-7 疎開時の年齢とアクセント習得の割合

（出所） 北村，1952 より。

ものではありませんので、むしろ学習に適した **敏感期** があるというようにいわれています。図8-4に示したように、ジェンセンの環境閾値説では、語学や音楽の潜在能力は環境的要因が十分すぎるほど満たされていないと発現しないと述べられていました。ここでは、環境要因の豊富さが問題にされていたわけです。しかし、語学や音楽などの課題は、早い時期に学習することが必要であるともいわれています。早く始めることは環境要因の豊富さと無関係ではありませんが、このような課題は幼児期や児童期が敏感期であることを私たちは経験的に知っているのです。

北村（1952）が行った興味深い調査があります。北村は太平洋戦争のために東京から福島県のS市に疎開した子どもたちが、地元のアクセントをどの程度習得したかを調べました。子どもたちがS市のアクセントを習得している程度を疎開時の年齢ごとでまとめたものが、**図8-7**です。6歳以前に疎開した子どもたちはほ

Column ⑮ ポルトマンの生理的早産説

　鳥類には，生後すぐに巣立つ離巣性の鳥類（たとえば，ニワトリ，カモ）と，生後しばらく巣にとどまり親の加護を受けてから巣立つ留巣性の鳥類（たとえば，ツバメ，ハト）がいます。ポルトマンは，哺乳類を離巣性と留巣性に分け，それぞれのタイプの哺乳類の妊娠期間，1回に生まれる子の数などの特徴を**表8-4**のようにまとめました。ほとんどの哺乳類はいずれかのタイプに分類することができました。人間は留巣性の哺乳類ですが，留巣性の特徴を備えているでしょうか。妊娠期間や1回に生まれる子どもの数は，人間のそれらとは合致しません。

　ポルトマンは大胆な仮説を設定しました。人間の赤ん坊は生後，約1年で歩き始めます。巣を離れるという言い方をすれば，1年後に巣立つわけです。ポルトマンは，人間の妊娠期間が約2年あり，誕生後すぐに歩き始めると仮定すれば，人間は離巣性の哺乳類の特徴を満たしていることになると考えたのです。そして，人間は1年早く出産しているとして，生理的早産説を唱え，胎内にいるはずの1年間を刺激に満ちた外界で過ごすことの意味を問いかけたのです。

表8-4　留巣性と離巣性の特徴

	留 巣 性	離 巣 性
妊娠期間	非常に短い （たとえば20〜30日）	長い （50日以上）
1回に生まれる子の数	多い （たとえば5〜20匹）	たいてい1〜2匹 （まれに4匹）
誕生時の子の状態	「巣にすわっているもの」 （留巣性）	「巣立つもの」 （離巣性）
例	多くの食虫類（モグラ，ハリネズミなど） 齧歯類（ネズミ，リスなど） イタチ，キツネなどの小型肉食獣	有蹄類（ウマ，イノシシなど） アザラシ，ゾウ，クジラ 霊長類（サルの仲間）

ぼ100％習得できていたのに対し，7歳以降に疎開した子どもたちは疎開年齢が遅くなるほど習得できなくなっていることがわかります。S市のアクセントの学習に，敏感期というものがあったことがわかります。

　鉄は熱いうちに打てという格言があるように，私たちは，早期に学習することの効果を知っています。また，日本人は教育熱心な国民であることや，最近の少子化傾向が子どもの教育に熱心に投資する風潮につながっていることなど，子どもの早期教育が起こりやすい土壌がもともとありました。さらに，ポルトマン（Portmann, 1944）の生理的早産説（Column ⓯）の考え方は，子どもの早期教育熱を助長するものになりそうです。しかしながら，レディネスという考え方からもわかるように，発達段階を無視した早期教育には何の効果もありません。それどころか，早すぎる学習経験を無理強いすることに負の効果があることも，早期教育に関心のある親は考慮する必要があります。

まとめ　Summary

　この章では，人間の発達が何によって規定されるのかについて，心理学史的に述べました。発達を規定するのは成熟か学習かという論争がありました。あるいは，遺伝要因と環境要因のどちらが人間の能力を規定するかという論争もありました。家系研究には，遺伝要因の強さを明らかにしたものが少なくありませんでした。しかしながら，この研究方法には誤りのあることがわかり，双生児研究によって吟味されるようになりました。双生児研究法による研究結果から，遺伝要因と環境要因のいずれか一方が発達を規定すると考えることの限界が示唆されました。

この章では，課題を学習するのに適した時期があるという，学習の臨界期や敏感期についても述べました。また，環境閾値説や生理的早産説といった仮説を紹介しました。これらの考え方は，人間の発達を考えるうえで興味深いものですが，その反面，最近の過度な早期教育の風潮を助長する危険性もあります。誕生後は遺伝的な要因はどうすることもできません。したがって，誕生後の発達を促すためには環境を整えることであるという，このような単純な発想が生まれてくるのです。この章のねらいは，人間の発達について考える材料を提供することです。みなさんの中でこの問題に興味をもった人は，さらに勉強して，あなたの考えを深めてください。

参考図書

無藤隆・子安増夫編『発達心理学（Ⅰ・Ⅱ）』東京大学出版会，2011，2013
　●胎児期から老年期という発達段階ごとの章の後，家族・地域・メディアと障害と支援という発達に関わる章があります。それぞれの章においてテーマの解説の後に，身体，認知，感情，言語および社会性の発達という5つの観点から各発達段階の諸問題が論じられています。発達心理学の全体像と今日的課題を理解するのに役立ちます。

安藤寿康『遺伝マインド――遺伝子が織りなす行動と文化』有斐閣，2011
　●人間の発達における遺伝と環境の影響について考えるうえで参考になるトピックスが，数多く紹介されています。さらに，社会的集団の中で遺伝と環境の役割を人間の営みの中でとらえるという（著者の）遺伝マインドの視点から，遺伝と環境の発達への影響や現代社会の問題を論じており，遺伝と環境に関心がある人には刺激的な考察が提示されています。

第 **9** 章　知的発達のメカニズム

　知能指数という言葉はふだんからよく耳にするでしょう。知能指数とはいったい何でしょうか。そうして頭の良さを何か数字で表すことができるのでしょうか。さらに知能はどのように発達していくのでしょうか。この章では知能を数値でとらえようとする試みと知能の発達についてのピアジェの考え方について紹介します。

1 頭が良いとはどういうことか

> 知能指数とは何か

私たちはすぐ，頭が良いとか悪いとかいいますが，背が高いとか低いというのと同じように，頭の良さというものを測ることができるのでしょうか。背の高さを測るためには「ものさし」を使えばいいでしょうし，体重を測るためには「はかり」を使えばいいでしょう。頭の良さを測るための「ものさし」や「はかり」はいったい何でしょうか。たとえば頭の良さを測るためにテストをつくったとします。このテストで0点だった人は，長さが0だというのと同じ意味で，知的能力が0であるとは考えられません。頭の良さの「ものさし」をつくることは簡単ではありません。

ここでは**知能指数**（IQ：Intelligence Quotient）の歴史を振り返りながら知能について考えてみましょう。

最初のいわゆる知能テストはフランスの心理学者であるビネーが作成したといわれています。それまで個人差を測るために用いられていたのは，数字の復唱や重さを識別するテスト，ある時間間隔を正確に再生するテストなど，精密に測定することはできるけれども，「頭の良さ」という点からみるとかなり特殊な課題でした。これに対してビネーは，測定の厳密さが多少犠牲になったとしても，より具体的な私たちに身近な問題を使って，全体的な知能をとらえようとしました。

彼が作成した知能テストの項目はたとえば，**表9-1** のようなものです。ここに見られるように彼は，テスト項目を標準的な3歳

表 9-1　ビネーが作成した知能テストの項目例

3 歳	5 歳	9 歳
●目, 鼻, 口を示す ●絵の中の物の名前の列挙 ●2数字の復唱 ●6音節の文章の復唱	●2つのおもりの比較 ●正方形の模写 ●1スー貨幣4枚を数える ●2枚の三角形を用いてもとの長方形をつくる	●現在の年月日をいう ●曜日列挙 ●用途以上の定義 ●文の記憶（6つ正しく答える） ●20スー貨幣で4スーのものを買ったときの釣銭の計算

（注）　スーは貨幣の単位。
（出所）　Binet & Simon, 1954 より。

児ができる問題，標準的な4歳児ができる問題，という具合に整理しました。そうして標準的な3歳児の問題に正答できるが，標準的な4歳児の問題には正答できない子どもは，知的能力が3歳児のレベルにあると考えたわけです。つまり知的能力を年齢というものさしを利用して測る，というアイデアを提案したのです。これが「**精神年齢**」と呼ばれるものです。いまではあたりまえのように思えることですが，これは知的能力を測る「ものさし」として革新的なものであったのです。

　しかし，4歳児が「精神年齢」4歳であるのと，6歳児で「精神年齢」4歳であるのとでは意味合いが違うでしょう。前者は「ふつう」ですが，後者は「遅れている」と思われます。そこで精神年齢と実際の暦年齢との比をとり，この比を100倍したものが用いられるようになりました。これが知能指数です。100であれば，その年齢の子どもとして平均的であること，100より大きければその年齢の標準的な子どもより「できる」こと，小さければ「できない」ことを示しています。いま「できる」「できな

い」といいましたが、知能指数は、精神年齢と暦年齢との比ですから、むしろ発達が「進んでいる」「遅れている」といった方がよいでしょう。知能指数においては、「できる」「できない」という能力概念と、「進んでいる」「遅れている」という発達的概念が混じり合っていることに注意しておく必要があります。6歳で知能指数100、7歳でも100とすると、知能指数が同じで頭が「良く」なっているようには思えないかもしれませんが、もちろんそんなことはなく能力は増大しています。

現在では知能指数として偏差知能指数が一般に使われます。成人に近づくと、子どものときのようにはめざましく能力が発達しないので、もし成人で精神年齢と実際の暦年齢の比をとると、年をとるとともにみんな知能指数が低下してしまう、といった奇妙なことになります。そこで比をとるのではなく、その年齢集団の平均と標準偏差を基準として、同一年齢集団の中での相対的な能力を数値化したものが偏差知能指数で、これも100であれば平均です。

いろいろな頭の良さ

知能指数のようにひとつの数値で頭の良さを表そうとすることは、さまざまな知的活動に共通する「頭の良さ」が存在するという考えに基づいています。数の計算や、外国語を使うことや、迷路を速く抜け出すことなどには、何かしら共通したものがあって、どれかに秀でた人は他のこともうまくできるはずだというわけです。ビネーが重視したのもこうした全体的な知的能力でした。

「頭の良さ」はこのように1種類なのでしょうか。あるいは数学的な能力と外国語を流暢にあやつる能力とは異なっていると考

えた方がいいのでしょうか。因子分析という統計的手法を使って,このような問題が検討されてきました。

いま,数学と物理,英語と国語の4教科の成績を考えてみましょう。数学の成績の良い人は,他の3教科の成績も良い,逆に数学の成績の悪い人は他の教科の成績も悪い,つまり4教科の成績すべてが相関（*Column* ❶）が高いとすれば,この4教科の背後にひとつの共通する「学力」を想定することができます。学力が高ければ,4教科の成績が高くなる傾向があるし,学力がなければ,成績が悪くなるというわけです。そうではなくて,数学の成績のいい人は物理の成績もいい,また英語の成績と国語の成績も関連している,しかし数学の成績が良くても英語ができるとは限らない,としたら,4教科に共通する「学力」を考えることは無理があるでしょう。むしろ数学と物理に共通する数理的学力と英語と国語に共通する語学力の2つを想定し,この2つの「学力」は別物だと考えた方が自然でしょう。因子分析は,数多くの検査成績の相互の関係を分析することによって,その背後に共通する「因子」を見出そうとするものです。いまの例では「学力」が因子に相当し,4教科の成績全体が相互に関連しているときにはひとつの因子が,後の例では数理的学力と語学力の2つの因子が想定できるというわけです。

サーストン（Thurstone, 1938）は,さまざまな知能検査の結果について因子分析を行い,知能にはいくつかの因子が想定できると主張しました。彼によれば,基礎的な知的能力として言語,数,空間,記憶,推論,語の流暢さ,知覚といったものが区別されるということです。単に,「頭が良いか悪いか」というふうに一次元的にとらえるのではなく,こうした面では優れているが,こち

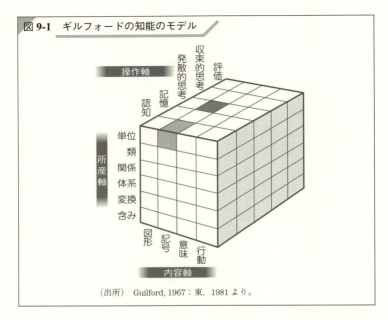

図 9-1　ギルフォードの知能のモデル

(出所) Guilford, 1967；東，1981 より。

らの面では劣っているというように，知的な能力を多次元的にとらえる必要が示されています。

　しかしながら因子分析は，分析の対象となった検査の成績間の関連をうまく説明できるようにその背後に因子を見出そうとするものですから，ある種の知的能力が重要であったとしても，その能力を反映する検査がはじめからなかったとしたら因子分析によってそのような能力に相当する因子を見出すことはできません。サーストンが見出した基礎的能力には，新しい道具を発明したり，作曲したりといった創造的な能力に関するものがないように思われますが，これはそうした能力をうまく反映する検査がなかったからだと考えられます。これに対してギルフォード（Guilford, 1967）は，知能に関する理論的なモデルを提案しています。彼

は情報の内容（content），情報が伝えるもの（所産：product）および情報に加える操作（operation）の三次元で知能を整理しています（図 **9-1**）。この立方体のそれぞれの升目が1つの基礎的能力，因子にあたります。彼の考えによれば4×6×5＝120の因子が想定されます。

たとえば文字を並べ換えて単語をつくるアナグラム課題は認知・記号・単位の能力，「か」で始まる4文字の単語をできるだけたくさん挙げるという課題は，同じく記号・単位ではあるが発散的思考の能力に関係していると考えられます。

ギルフォードは創造性にとってこの発散的思考が最も重要だと考えました。こうしたモデルによって，従来の検査で見落とされがちであった知能の側面に光が当てられたといえるでしょう。

知能指数は変わらないのか

「頭の良さ」を数値で表そうとすることの背後には，人の「頭の良さ」はそれほど変わるものではなく，それによって将来が予測できるはずだとする考え方があります。「栴檀は双葉より芳し」，知的に優れた人は小さいときからその片鱗がみられ，人並みよりも優れているはずだというわけです。確かに知能指数は，学業成績などと中程度の相関があり，児童期以降は比較的安定しているといわれています。しかし知能指数が集団全体で見ると比較的安定しているとしても，そのことは個々の子どもの知能指数が環境によって変化しないということを意味しているわけではありません。児童期に高い知能指数を示す子どもは文化的に恵まれた環境にいるのでしょうし，そうした環境は後の知的発達にも良い影響を与えるでしょうから，知能指数が安定しているのは

環境が比較的変化しないからだという面が強いと思われます。

　実際，半数以上の子どもが児童期から青年期において15点以上の変化を示しており，30点以上の変化を示す子どももかなり見られるということです。特に幼児期とその後の知能指数との相関は高いものではありません。幼児期の環境の良し悪しが後の知的発達に大きく影響するであろうことは容易に想像できます。スキールズ（Skeels, 1966）は2歳時点で孤児院から別の施設に移され，よりゆきとどいた世話を受けた子どもたちが，知能指数の増加を示したことを報告していますが，それによると13人の子どものうち11人が15点以上の増加を示し，3人は45点以上の増加を示しました。またマッコール（McCall, 1970）によると一般に知能指数が増加した子どもには，就学前の段階でも，独立心が強く競争的であるといったパーソナリティの違いもみられるようです。いずれにしろこうした研究結果は，知能は変わらない，という考えに対立するものです。知能は変わらないと考えることそのものが，環境を積極的に改善することを妨げ，結局，知能指数の安定性をもたらしているのかもしれません。

素朴な知能観

　それでは，私たちが頭が良いというときどのような人を思い描いているのでしょうか。スタンバーグら（Sternberg et al., 1981）は，知能についての私たちがもつ素朴な考え方を分析しました。その結果，頭の良さに実際的な問題解決能力，言語的能力，社会的有能さ，という3つの側面が見出されたといいます。実際的問題解決能力は，論理的であるとか，与えられた情報を正確に解釈する能力とか，他人の出したアイデアについてよく考えることができるとか，問題

解決場面でよい決定を行う能力などで，困難な場面を実際にうまく切り抜けることのできる頭の良さです。言語的な能力が高いという意味での頭の良さは，話し方が明瞭で流暢であり，多くの本を読み豊富な知識をもっていることなどです。さらに社会的な有能さという意味での頭の良さもみられました。約束を守るとか，他人の要求に気づくとか，他人を受け入れる能力などで，対人関係を円滑にうまく進めていくことのできる頭の良さといってよいでしょう。

同様の研究を日本で行った報告によると，5つの側面が区別されています（Azuma & Kashiwagi, 1987）。リーダーシップがあり話がおもしろいなどの積極的な社会性，自分の分を知っているといった受け身の社会性，計画性があるなどの優等生的な頭の良さ，さらにひらめき型の頭の良さと物知り型の頭の良さです。スタンバーグらのものと比較してみると，日本ではスタンバーグらのいう社会的な有能さが，最も重視されているようです。このような社会的有能さという意味での知能は，従来の知能検査ではほとんど問題にされていなかったものです。知能指数が高いということは学業達成での成功とはある程度相関しているかもしれませんが，そのことは社会的な成功を必ずしも保証しているわけではありません。社会的な成功という観点からすれば，特に日本においては対人的な場面での有能さが重要となると考えられます。

2　知能の発達

知的能力はどのように発達していくのでしょうか。ピアジェは

表9-2 ピアジェの発達段階

おおよその年齢	0〜2歳	2〜7歳	7〜11歳	11歳〜成人
段　　階	感覚運動期	前操作期	具体的操作期	形式的操作期

子どもに簡単な課題を行わせその行動を観察することによって，この問題を検討しました（Piaget, 1949; Piaget & Inhelder, 1966）。人間の知的発達に関する理論としてとりわけ大きな影響を与えたピアジェの考え方について紹介することにしましょう。ピアジェは，人間の知能の発達について，いくつかの段階を区別し発達の見取り図を提示しています（**表9-2**）。

　ピアジェは知的な発達を同化と調節という概念でとらえました。同化とか調節とはどういうことでしょうか。

　赤ちゃんにとっておっぱいを吸うことは大事な仕事ですが，はじめから上手に吸えるというわけではありません。はじめは乳首を押しつけられてからようやく吸っていたのが，しだいに乳首がほほに触れただけでそちらに向いて上手に吸うようになります。口のもっていき方や吸い方などをお母さんに合わせることによって上手に吸えるようになるのです。赤ちゃんは，吸うという行動はこういうものだという自分なりの構造をもっています。これを**図式**と呼びます。この図式をお母さんという環境に合わせて少しずつ変えることで上手に吸えるようになるわけです。この働きを**調節**と呼びます。一方，赤ちゃんは，お母さんのおっぱいを吸うだけではなく，自分の指を吸ったり，おもちゃを吸ったりします。自分のもっている吸うという図式をさまざまなものに適用

しようとしているのです。吸うという図式の中に指を吸ったりおもちゃを吸ったりする行動が組み込まれていきます。この働きを**同化**と呼びます。

　もう少し知的な例を考えてみましょう。日本では，私たちのまわりの人間の多くは肌色の皮膚をもっています。そのような人間だけを見ていると，はじめ，人間というのはこういう色の皮膚をしているのだと考えるでしょう。そこで黒い皮膚をもった人間を見ると，人間にはさまざまな色の皮膚があり，肌の色は人間かどうかには関係ないのだと考えるようになるでしょう。ここで人間についての図式が変化し拡張されたわけです。この働きが調節です。今度は白い皮膚の人を見ても図式を変える必要はなく，情報が図式に組み込まれていきます。ピアジェの考え方によれば，発達とは同化と調節による図式の変化だと考えることができます。

　それではピアジェの提唱した発達段階に沿って知的能力の発達を見ていきましょう。

感覚運動期

　生後2歳くらいまでの時期は**感覚運動期**と呼ばれます。この時期はまだ言葉も十分に発達しておらず，ふつうに考える意味での知的能力はないように思われます。しかし言語とは結びつかない形での知的な活動をそこにみることができます。

　私たちは机の上にある本が一時的に視界から隠されたとしても本がなくなったわけではなく，見えないけれどそこに存在していると考えています。ピアジェによればこのような物の永続性（*Column* ⓰）は，この時期をとおしてしだいに獲得されていくのであって，生後間もない赤ちゃんでは，見えなくなると存在し

くなると考えているようです。というのは、おもちゃをスクリーンで隠して見えなくしても、赤ちゃんはそれを探すようなそぶりを見せず、再びスクリーンが取り払われておもちゃが見えるとかえって驚く様子がみられるからです。成長するとしだいに見えなくなったおもちゃを探すようになります。いないいないばあをして赤ちゃんが喜ぶのも、物の永続性が完全には獲得されていない過渡期にあるからでしょう。

Column ⑯ 物の永続性

バウアー（Bower, 1971）は、生後20日から100日の赤ちゃんで、物の永続性についての実験を行いました。赤ちゃんの前に興味を引くような物体を置き、一方の側からゆっくり移動するスクリーンでこれを隠します。一定の時間（1.5秒, 3秒, 7.5秒, 15秒のいずれか）の後スクリーンを取り去ったとき、先ほどの物体がなくなっている（消失条件）場合と再び物体が見える（再出現条件）場合とのどちらで、赤ちゃんがびっくりするかを調べました。赤ちゃんが驚いたかどうかは、心拍数がどの程度増加したかによって測定されました（**図9-2**）。赤ちゃんが物は見えなくなってもそこにあるはずだと思っていれば、消えてなくなっているときの方が驚くでしょう。実際隠された時間が1.5秒ではすべての赤ちゃんが消失条件で心拍数の増加を示し、再出現条件ではあまり変化しませんでした。ところが生後20日の赤ちゃんでは、15秒隠されていると逆に再出現条件で心拍数は増加し、消失条件ではあまり変化しませんでした。もう一度物が見えたときの方がびっくりしているわけです。生後100日になると、15秒隠されていても一貫して消失条件で心拍数の増加がみられます。生後間もなくの赤ちゃんでは、物は見えなくなるとなくなるのですが、一時的に物が隠されて見えなくなっても存在し続けるという永続性の概念は、感覚運動期をとおしてしだいに獲得されていきます。

図9-2 消失条件と再出現条件での心拍数の変化

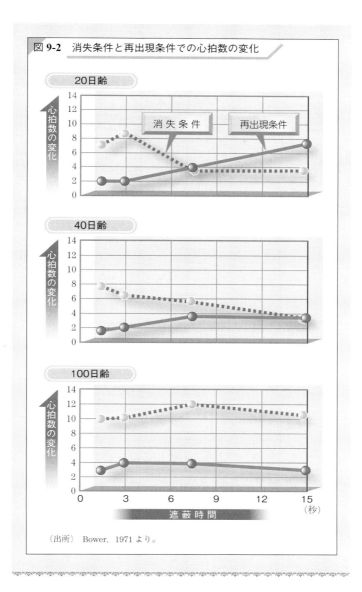

(出所) Bower, 1971より。

ピアジェはこの感覚運動期を循環反応の発達によってさらに細かい段階に区別しています。彼によれば循環反応は第一次から第三次までに区別されます。第一次循環反応は指しゃぶりなどに見られます。指をしゃぶるという行為そのものが自分自身に刺激を与えています。その吸われている感覚を得るために吸うという行為が繰り返されます。第二次循環反応になると，自分の行為がまわりの環境の変化を引き起こします。たとえば手を振るとがらがらに当たって音を立てたとすると，その音をおもしろがってまた手を振ります。手を振るという行為が，がらがらが音を立てるという環境の変化を生み出しているわけです。さらに第三次循環反応になると，行為と結果との関係に興味がもたれるようになります。手を強く振ると大きな音がし，弱く振ると小さな音しかしません。そこで大きく振ったり，小さく振ってみたりを繰り返してみるわけです。この時期に自分の行為そのものが刺激を生み出していた循環反応がしだいに環境への変化と行為との関係を探るという形で外に広がっていくのです。

前操作期

　2〜7歳くらいまで，ふつう幼児と呼ばれる時期をピアジェは **前操作期** と呼んでいます。彼はこの時期を **自己中心性** という概念で特徴づけています。この時期の子どもの自己中心性を示すものとして，三つ山問題があります（*Column* ⓱）。幼児は自分がいる位置から見える光景にとらわれており，他の視点をうまくとることができないのです。

　この時期の子どもが失敗するものに保存課題があります（図9-3）。たとえば同じ形の容器2つ（a, b）に同じ量のジュースを入

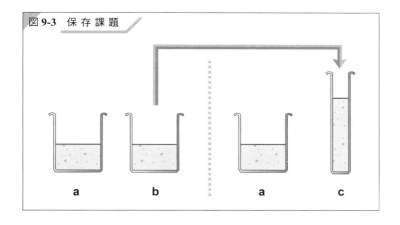

図9-3 保存課題

れ，子どもに同じ量だということを確認させます。その後子どもの目の前で一方の容器bのジュースを底面が小さく背の高い容器cに移し替えます。そうしてどちらのジュースの方が多いかと尋ねます。多くの子どもは背の高い容器に入ったジュースの方が多いと答えます。目の前で移し替えられただけであるのに，なぜ子どもは失敗してしまうのでしょうか。ジュースの量は，容器の底面積とジュースの高さの双方によって決まります。背の高い容器cに移されたジュースでは，高さは増加しますが，底面積は減少しており，双方が補い合って量自体は変わりません。ところが子どもはこの2つの要素のうちの一方，高さだけに目をうばわれ，底面積を考慮しないため，cの方が多いと答えるわけです。ここにも他者の視点をうまくとることができず，自分のもつひとつの視点のみに固執してしまうという自己中心性をみることができます。

2 知能の発達

Column ⑰ ピアジェの三つ山問題

　ピアジェが子どものものの見方を研究するために使用した巧妙な実験のひとつが三つ山問題として知られているものです。この課題では，図9-4のような大きさの異なる3つの山を配置した1メートル四方ほどの模型を使います。子どもはAの席に座りますが，A席から見て右手奥の山は一番大きくて灰色で，頂上には白い雪があります。左手の山は茶色で頂上に十字架があります。また右手前の山は一番小さく緑色をしており頂上には小屋があります。

　このような状況で，たとえば，D席に目鼻のない人形を置き，山の見え方をさまざまに描いた絵の中から人形から見えている風景はどれかを選ぶように子どもに言います。このような研究の結果，子どもの見方をいくつかの段階に区別することができたといいます。

　問題の意味を理解できたうえでの最初の段階の子どもは，人形の見ている風景を選ぶように言われるにもかかわらず，自分自身が見ている風景と似た絵を選んでしまいます。次の段階では，やはり自分の見ている風景が主導的ですが，部分的に山と山との重なりぐあいなどを考慮するようになります。しかし山が3つあるので，それら相互の関係は複雑で全部を同時に考慮

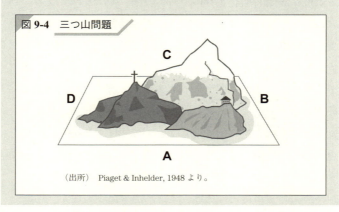

図9-4　三つ山問題

（出所）　Piaget & Inhelder, 1948 より。

することができません。さらに段階が進むと、しだいに複数の関係を同時に考慮するようになり、適切な絵を選択できるようになります。

このように前操作期全体をとおして、子どもは徐々に他者の視点をとることができるようになっていくのです。初期の子どものように見方が自己の視点にとらわれており、そこから離れることができないという特性をピアジェは自己中心性と呼びました。この時期の子どもは保存課題に失敗しますが、そこにもこの自己中心性を見ることができます。

具体的操作期　7〜11歳くらい、だいたい小学生にあたる時期をピアジェは **具体的操作期** と呼びます。この時期になると先ほどの保存課題に成功するようになります。同じ量のジュースを違う形の容器に移し替えただけだから量は変わらない、形が異なっても量は保存される、と子どもは答えるようになります。

この時期の子どもがうまく解決できないような課題はどのようなものでしょうか。たとえば木、石、鉄などがあってどれが浮きどれが沈むかと聞きます。木が浮き石や鉄は沈むと子どもは答えます。ではなぜ木が浮き、鉄は沈むのかと問うと、重いからだと言います。それでは小さな鉄の球と大きな木材では、木の方が重いではないか、と問うとうまく答えられません。

これは密度に関する問題です。先ほどの保存課題では体積が問題でした。密度は体積と質量の比ですから体積よりさらに高度であり難しい概念なわけです。小学校の高学年くらいになると、小さな鉄の球が浮くためには、「同じ重さでもっと広がっていなく

てはならない」と答えるようになり，密度の概念が獲得されていきます。

　この時期の子どもは具体的な物については，論理的に操作できますが，密度のように抽象的な概念をうまく扱うことができません。

| 形式的操作期 |

　11歳くらい以降の時期になると抽象的な思考が可能となります。「密度」の問題も正しく解決できるようになります。

　この時期になってはじめて解決できるもうひとつの課題に「振り子課題」があります。ひもの長さ，重りの重さ，振り始めの位置，振り始めるときのスピードの中で，振り子の振動数に影響するのは何かという課題です。具体的操作期の子どもは，このような課題を与えられたとき，ある要因が影響するかどうかを決定するために，ほかの要因を固定しておいて，ひとつの要因だけを変化させるという方法をとることをしません。ひもの長さを長くして重りも重くするといったように同時に複数の要因をいろいろ変えてしまうために，何が振動数に影響するのかをうまく見つけ出すことができません。これに対して形式的操作期の子どもは，原因を見つけるために組織的な方法を用います。これはちょうど科学者がとる態度と同じです。この時期になって科学的な思考が可能となるのです。

　大人はいつも「科学的」な思考をしているわけではありませんが，大人があたりまえだと思っていることも，長い発達の過程をとおして獲得されることをピアジェは示しました。ピアジェは発達段階を区別し，たとえば保存課題に失敗する前操作期の子ども

に対して訓練を行うことの効果には否定的でした。しかし，その後の研究は，訓練や教育がある程度効果をもつことを示しています。また，課題を工夫した近年の研究はピアジェが子どもの能力，特に乳幼児の能力をいくぶん過小評価していたことを明らかにしています。

ルールの発達

第2章で私たちの知識をプロダクションルールの集まりとして見る考え方を紹介しました。このような見方からすると，子どもの知的発達は，問題解決のための簡単なルールを使うことから，しだいに緻密で複雑なルールを獲得していくことだと考えることができます。シーグラー（Siegler, 1976）は，ピアジェが形式的操作期の課題とした「天秤課題」についてさまざまな発達段階の子どもたちが使用するルールを推定する研究を行いました。

「天秤課題」というのは図9-5にあるような課題で，それぞれの天秤はどちらにかたむくでしょうか，というものです。左右の重りの数や位置によってさまざまな課題があります。重さ課題は，もう一方の要因である距離は左右で等しく，重りの数だけで判断できるものです。同じように距離課題は，重りの数は等しく，距離だけで判断できます。次の葛藤課題では，重りと距離が逆の関係，つまり重りが重い方が距離が短いといった関係になっており，両方の要因を同時に考慮しなければなりません。

これらの課題に対する答えから子どもがどのようなルールを使っているかを推論することができます。図9-6は子どもたちが使用すると考えられるルールです。たとえばルールⅠの子どもは，重りの数しか考慮しません。したがって①バランス課題と②重さ

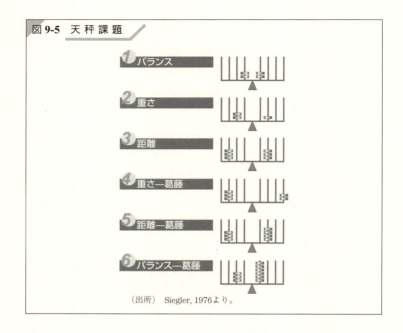

図9-5 天秤課題

①バランス
②重さ
③距離
④重さ—葛藤
⑤距離—葛藤
⑥バランス—葛藤

（出所） Siegler, 1976より。

課題には正答しますが，③距離課題では重りの数が等しく，つりあうと答え，間違います。しかし④重さ—葛藤課題では，重りの数だけを考慮し左にかたむくと答え正答します。⑤⑥の課題では誤答すると予想されます。

　ルールIIの子どもは，重りの数が等しいときにのみ距離を考慮します。このことによって③距離課題に正答します。さらにルールIIIでは，重りの数が等しくないときにも距離を考えるようになります。ただし重りの数と距離が葛藤しているとき（重りの多い方が距離が長いとき）には，あてずっぽうで答えます。この結果，⑤距離—葛藤課題は完全に間違うわけではなく，偶然の確率で成功しますが，④重さ—葛藤課題も偶然の成功確率であると

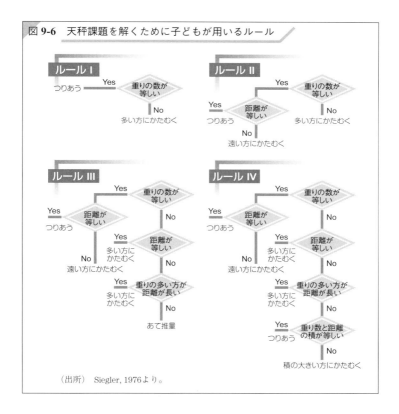

図 9-6　天秤課題を解くために子どもが用いるルール

(出所)　Siegler, 1976より。

予想されます。この課題はルール I や II の子どもは成功していたので、新たにルールを獲得したことにより誤答が増える場合があることを示しています（Column ⓲）。最後にルール IV ではすべての課題に成功します。それぞれのルールを用いたとき予想される正答率は**表 9-3** のようになります。また、年齢別の実際の正答率は**表 9-4** にあるとおりでした。それぞれの年齢層の子どもたちはどのようなルールを用いていると考えられるでしょうか。

表 9-3 それぞれのルールを用いた場合の予想正答率（％）

ルール	I	II	III	IV
バランス	100	100	100	100
重さ	100	100	100	100
距離	0	100	100	100
重さ―葛藤	100	100	33	100
距離―葛藤	0	0	33	100
バランス―葛藤	0	0	33	100

(注) 表中33％は偶然に正答する確率。
(出所) Siegler, 1976より。

表 9-4 年齢別正答率（％）

年齢（歳）	5～6	9～10	13～14	16～17
バランス	94	99	99	100
重さ	88	98	98	98
距離	9	78	81	95
重さ―葛藤	86	74	53	51
距離―葛藤	11	32	48	50
バランス―葛藤	7	17	26	40

(出所) Siegler, 1976より。

Column ⑬　知識が増えると間違う

　私たちはふつう知識が増大すれば，いろいろな問題に正しく答えることができるようになると考えています。逆に言えば間違うのは知識が足りないからというわけです。しかし知識が増えることによってかえって誤ってしまう場合もあることを，西林（1988）は示しています。
　次のような問題を考えてみてください。いま同じ長さのひもが2本あります。これをそれぞれ折り曲げて，図 9-7 にあるよ

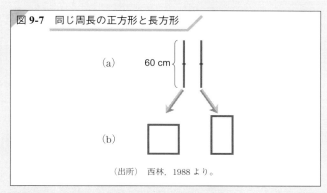

図 9-7　同じ周長の正方形と長方形

(a) 60 cm

(b)

(出所)　西林, 1988 より。

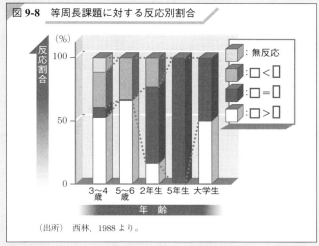

図 9-8　等周長課題に対する反応別割合

（出所）　西林, 1988 より。

うな正方形と長方形をつくりました。どちらの方が面積が大きいでしょうか。

　周囲が一定の場合，正方形で面積は最大になりますから「正方形の方が大きい」が正解です。幼稚園の子どもから大学生までこの問題をやってもらったときの結果が図 9-8 に示されてい

ます。これによると幼稚園児では多くの子どもが正答しています。それに対して小学2年生では、半数以上が面積は等しいという間違った答えをし、5年生ではほとんどの子どもがそう答えています。さらに大学生においても半数くらいが面積は等しいと答えています。なぜこのようなことが起こるのでしょうか。

幼稚園児は、実際に図を見たその感じで答えており、多くが正答します。つまり多くの子どもには見た目で区別できるくらいの大きさの違いがあるわけです。ところが小学生になると、もともと同じ長さのひもからつくったのだから面積も同じだと答えます。これはピアジェのいう保存概念と関係しています。幼稚園児ではまだ保存という概念がありませんが、小学生になると保存概念が獲得されてきます。周囲の長さが等しくても面積は保存されるわけではありません。ですからこの問題に「保存」の考えを適用するのは誤っているのですが、保存概念が獲得されてくる過程で、本来適用できない状況にもそれを適用しようとするためにこのような誤りが起こるのだと考えられます。

年齢が上がるにつれかえって誤答が増すのですが、もちろんこのことは彼らの「能力」が低下していることを意味しているのではありません。ここでも獲得された新しい知識をさまざまな場面で積極的に使おうとする子どもの姿をみることができます。

まとめ Summary

知的能力を量的にとらえようとして、ビネーは精神年齢という考え方を導入しました。知的能力を年齢というものさしで測ろうとするものでした。その後精神年齢と暦年齢の比から知能指数という指標が考えられました。知能指数は広く使われるようになりましたが、現在では同一年齢層の中での相対的な位置を示す偏差

知能指数が主に使われています。また知的能力を単一の指標で示すのではなく，多次元的にとらえようとする試みも多くなされてきました。

知的能力の発達については，ピアジェの考え方が大きな影響力をもってきました。彼は発達を，同化と調節という観点からとらえ，いくつかの発達段階を区別しました。それらは，感覚運動期，前操作期，具体的操作期，形式的操作期と呼ばれます。彼によれば幼児期にあたる前操作期は自己中心性によって特徴づけられます。

参考図書　Reference

アイゼンク，H. J.・ケイミン，L.（斎藤和明ほか訳）『知能は測れるのか──IQ 討論』筑摩書房，1985
　●知能をめぐって，遺伝を重視する立場と環境を重視する立場から２人の著者が激しい討論を展開しています。知能指数とは何かを考えるうえで参考になる本です。

ピアジェ，J.・イネルデ，B.（波多野完治ほか訳）『新しい児童心理学』白水社，1969
　●ピアジェが自らの理論的立場を要約した本です。多くの研究のエッセンスが凝縮して書かれているので，いささか読み応えがありますが，ピアジェの立場を知るには格好の本です。

バターワース，G.・ハリス，M.（村井潤一監訳）『発達心理学の基本を学ぶ──人間発達の生物学的・文化的基盤』ミネルヴァ書房，1997
　●ピアジェの理論をひとつの軸として発達心理学の知見を紹介した本です。ピアジェ以後のピアジェに対する批判的な研究，知見もよくまとめられています。

シーガル，M.（外山紀子訳）『子どもの知性と大人の誤解──子どもが本当に知っていること』新曜社，2010

●ピアジェ以降の発達心理学者たちは,ピアジェの課題は子どもにとって難しく,ピアジェは子どもの能力をいくぶん過少に評価したと考えています。数や生物などについて子どものもつ知識がまとめられており,自閉症の子どもにもふれています。

下條信輔『まなざしの誕生――赤ちゃん学革命(新装版)』新曜社,2006
●赤ちゃんを対象とした実験的研究手法が確立され,赤ちゃんは従来考えられていたよりずっと有能な存在であることがわかってきました。本書は実験的研究の成果をもとに赤ちゃん像の変化を描き出しています。

スレーター,A. M.・クイン,P. C. 編(加藤弘通・川田学・伊藤崇監訳)『発達心理学・再入門』新曜社,2017
●発達心理学の領域で大きな影響力をもった重要な研究を紹介し,その後の研究の展開をまとめています。

第10章 人格発達の基礎

人それぞれその人らしさというものがあります。自分自身，何かしらこれが自分らしさだ，と感じていることでしょう。これが私なのだという「自分らしさ」の感覚はどのようにして形づくられていくのでしょう。アイデンティティという概念を提唱したエリクソンの考え方を，その背景となったフロイトの考え方とともにみていくことにします。

1 フロイトの発達段階

　人格はどのように形成されていくのでしょうか。人格形成に関するフロイトの発達段階の考え方は，後の人々に大きな影響を与えました。フロイトは精神分析の創始者として有名ですが，心理的な問題を抱えた人々の治療に取り組むうちに幼少期の経験が，大人の人格形成にとって非常に重要であると考えるようになり，独自の発達段階の考え方を提唱するようになりました。

　フロイト（Freud, 1905, 1916-17）は，幼児も性衝動をもっていると考えました。彼のいう性衝動は，ふつうにいわれるよりかなり広く漠然とした概念ですが，その性衝動が満足される部位，言い換えると幼児が快感を得る主要な身体的部位（性感帯）が発達とともに変化するとフロイトは主張しました。そうしてそれぞれの発達段階を主要な性感帯によって区別しました。彼の発達段階はおおよそ以下のようなものです（表10-1）。

表10-1　フロイトの発達段階

段　階	おおよその年齢
口唇期	0〜1歳，1歳半
肛門期	1歳，1歳半〜3, 4歳
男根期	3, 4歳〜5, 6歳
潜伏期	5, 6歳〜11, 12歳
性器期	11, 12歳〜

| 口唇期 |

最初の段階は **口唇期** と呼ばれます。生後1歳ないし1歳半くらいまでのこの時期は，まだ言葉を使えない時期であり，乳児期にあたりますが，この時期の赤ちゃんの主な活動は，おっぱいを吸うことです。フロイトの考えでは，この時期の子どもはおっぱいを吸うことにより，飢えを満たすとともに，唇への刺激によって満足を得るとされています。そうして赤ちゃんはこの満足を求めて，何でも手当たりしだいに吸ったりするようになります。また，自分の身体の一部を吸う活動，つまり指しゃぶりなどもみられます。

| 肛門期 |

1歳半から3，4歳ごろまでの段階をフロイトは **肛門期** と呼びました。子どもは便をため，それを排出することによって満足を得ると考えたからです。この時期には，おむつをはずすこと，いわゆるトイレット・トレーニングが重要となります。このためには決められた場所で排泄することができるように，便をためて我慢し，自分の意思でそれを排出することができなければなりません。つまり便をため，排出する，という活動が，この時期の子どもが獲得しなければならない主要な活動なのです。

| 男根期 |

3，4歳から小学校に入る前くらいまでの第3の段階は，フロイトによれば **男根期** と呼ばれます。この時期になると，性の違い，男の子と女の子の違いに，子どもは興味をもつようになります。フロイトは，この時期の男の子には，**エディプスコンプレックス** がみられると主張しました。つまり男の子の性衝動は母親に向かい，ライバル

1 フロイトの発達段階

である父親をなきものにし,母親を自分のものにしたいという近親相姦的な願望が生じると考えたのです。エディプスとは,ギリシャ神話に出てくる王の名で,彼はそうとは知らずに自分の父を殺し,自分の母をめとりました。後にその罪が明らかとなりエディプスは,自らの眼をくりぬいて,放浪の旅に出たといいます。フロイトはこのギリシャ神話の主人公の名をとって,この時期にみられると彼が考えた近親相姦的願望をエディプスコンプレックスと呼んだのです。一方で子どもは,ライバルである父親から去勢されるという形での報復を受けるのではないかという不安をもつといいます。この不安を逃れ,また近親相姦的願望を代理的に満足させるために,子どもは,自分は父親であると思い込み,父親の態度,振る舞いを真似ること,つまり父親と同一視することになります。自分が父親であれば,去勢されることはなく,また母親をわがものとすることができるからです。このように父親との同一視によって社会的にタブーであるエディプスコンプレックスは解消されることになります (*Column* ⑲)。

　エディプスコンプレックスについてのフロイトの考え方は,この時期に男の子の愛着の対象が,母親から父親へと変化するプロセスを説明するひとつの考え方だといえます。生後しばらくは,男の子も女の子も主に世話をしてくれた母親に愛着を示しているわけですが,男と女という性の違いを自覚するにつれ,男の子は同性の父親に愛着を示し,父親のようになりたい,と考えるようになっていきます。父親の態度,振る舞いを真似ることによって,「男らしさ」をしだいに獲得していくわけですが,男の場合にこのような愛着の対象の変換が,この時期にみられるといえるでしょう。

Column ⑲ 葛藤の実験的研究

　フロイトのエディプスコンプレックスは，母親に対して男の子はプラスの感情とマイナスの感情の双方をもつという状態を招きます。このようにある対象に対してそれに近づきたいと思う一方，それを避けたい気持ちの双方が同時に存在する状態は，**葛藤**，特に接近—回避型の葛藤と呼ばれます。

　すごく買いたいものがあるのに高くてどうしようか迷っているとか，恋人のことはすごく好きだけど，嫌なところがあって結婚するかどうか迷っているといった場合がそうです。

　こうした葛藤状況についての実験的研究を紹介しましょう（Miller, 1973；Dollard & Miller, 1950）。ネズミを走路に置き，走路の端の部屋にえさを置いておくことを繰り返していると，ネズミは走路を走って部屋に行くことを覚えます。えさまでどのくらい離れているときにどのくらいの力で部屋に向かって走ろうとするかを測ってみると，部屋に近いほど強い力で走ろうとします。

　今度は部屋にいると電撃のような嫌な刺激を与えることにします。するとネズミは部屋から逃げようとしますが，このとき

図 10-1　接近—回避型葛藤

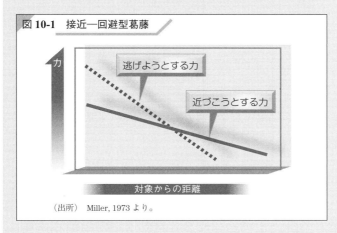

（出所）　Miller, 1973 より。

も逃げようとする力を測ってみます。部屋（対象）からの距離を横軸に，部屋に接近しようとする力（実線）と部屋から逃げようとする力（破線）を示したものが**図10-1**です。どちらの力も距離が近いほど強くなっているのですが，この図で鍵となるのは，接近しようとする力（実線）の勾配より逃げようとする力（破線）の勾配の方が急だということです。このため対象から遠いときには接近しようとする力の方が強く，対象に近づいていきますが，対象の近くになると今度は逃げようとする力が大きくなって対象から遠ざかる，するとまた近づく力が強くなる，いつまでたってもそのあたりをうろうろしているということになります。

いざこれを買おうとすると，品物のわりに高すぎるんじゃないかという気になり，やめて店を出ると，なかなかいい品物だったという気になる，というわけです。追いかければ追いかけるほど逃げる，という恋の心理にもこのような力が働いているのかもしれません。

潜伏期と性器期

エディプスコンプレックスが解消されると表面的には性衝動が顕著ではなくなります。ちょうど小学生くらいの時期をこのような意味で**潜伏期**とフロイトは呼びました。その後思春期を迎えて，本来の意味での性衝動が自覚されるようになるわけですが，フロイトはこの時期を**性器期**と呼んでいます。

発達段階と性格

発達段階の考え方は，人間は段階をおって進んでいくと考えるわけですが，発達がある段階にとどまっていたり，あるいはまたもとの段階に逆戻

りしてしまうことも考えられます。弟や妹が生まれて、両親が弟妹の世話に忙しくなると、自分も赤ちゃんのように振る舞ったりする子どもは、一時的に逆戻りしているわけです。

　次の段階に進むためには、いまの段階での衝動が十分満足されなければなりません。ある段階での満足が十分ではないと、その影響がのちのち現れてくることになります。たとえば、フロイトの考えによれば、離乳が早く十分におっぱいを吸うことによる口唇期的満足を得なかった子どもは、その後も指を吸ったり、爪を噛んだりするといいます。さらに成人しても、タバコを吸うとか、酒を飲むといった口唇を主体にした活動に過度に没頭し、受動的、依存的な性格が形成されるといいます。口唇期の子どもは、受動的であり母親に依存しているからです。肛門期での問題は、過度の清潔好きや強迫的性格と関連するといいます。このようにしてフロイトは、発達段階で生じた問題と成人の性格とを関連づけようとしました。

2 エリクソンの発達段階

　フロイトの考え方が性衝動に力点をおいていたのに対して、フロイトの発達段階を下敷きにしながらエリクソン（Erikson, 1950, 1968）はより心理社会的な観点から、新たな発達段階を提唱しました。彼の8つの段階は**図 10-2** にみられるとおりです。

　この図の対角線上のマスには2つの要素が書かれています。それぞれの段階ではこの2つの要素の葛藤が生じ、私たちはこの葛藤を克服しなければなりません。2つの要素のうち上のものは、

図10-2 エリクソンの発達段階

成熟期								統合 対 絶望
成人期							生殖性 対 停滞	
若い成人期						親密さ 対 孤独		
青年期	時間的展望 対 時間拡散	自己確信 対 自意識過剰	役割実験 対 役割固着	達成の期待 対 労働麻痺	同一性 対 同一性拡散	性的同一性 対 両性的拡散	指導性と 服従性 対 権威の拡散	イデオロギーへの傾倒 対 理想の拡散
潜伏期				勤勉性 対 劣等感				
運動性 器期			自発性 対 罪悪感					
筋肉肛門期		自律性 対 恥, 疑惑						
口腔感覚期	信頼 対 不信							

(出所) Erikson, 1968 より。

肯定的なものであり，健康な人がこの段階において獲得すべきものです。それに対して下のものは，否定的な要素です。たとえば，最初の段階では「信頼」対「不信」という葛藤があります。「不信」は否定的な側面ですが，これはまったく存在しないことが望ましいものではありません。両者をともに経験しそのバランスがいくぶん「信頼」に傾くことで，肯定的な **基本的信頼感** を獲得することが重要であると考えられます。

青年期以前の段階

フロイトのいう口唇期にあたる時期では、社会的関係として母親あるいはそれに代わる養育者との関係が重要です。この時期の赤ちゃんにできることは、いわば泣くことだけであり、お母さんは子どもの泣き声に応じて、おっぱいを与えたりおむつを替えたりします。子どもからすれば泣くことによって、飢えや渇きが満たされたり、不快な濡れたおむつが取り除かれたりします。すぐにではないかもしれないが、自分の不快な状況は結局は改善されるのだ、母親は、ひいては世界は信頼できるのだという感覚が生まれます。一方、母親の世話が適切でなければ、母親は自分の期待に応えてくれないという不信感が生じてくるでしょう。しかし、そうした母親が期待に応えてくれない経験をしても、総体として肯定的な関係が多ければ、子どもはしだいにすぐに母親が応答してくれないことや、あるいは母親がいないことも受け入れ、より強い信頼感を獲得していくことになるでしょう。ですから否定的な経験もまた重要です。しかしそれが強すぎれば、基本的信頼感を獲得することに失敗してしまいます。

フロイトは肛門期での排泄のトレーニングの重要性に着目しました。排泄を決められた場所でできるためには、自分で筋肉を緊張させたり弛緩させたりというコントロールができなければなりません。また、この時期には自分で歩くことができるようになります。自分の身体を自分でコントロールすること、つまり自律性の感覚がこの時期に獲得されるべき要素です。また、逆に排泄のトレーニングに失敗すること、つまり自律に失敗することによって、恥の感覚が生まれます。

次の段階になると、子どもは言葉も自在にあやつり、自由に動

きまわれるようになり，何でも好奇心をもって自分でやりたがるようになります。エリクソンはこの時期に獲得されるものとして自発性を挙げています。フロイトはこの時期に現れるものとしてエディプスコンプレックスを強調しました。近親相姦的願望であるエディプスコンプレックスがうまく解決されないと罪悪感が生まれます。

フロイトが潜伏期と呼んだ次の時期には，学校での生活が始まります。子どもたちは学校での生活をとおして，何かを成し遂げること，「仕事」を達成することを学びます。こうしたことに失敗すると自分には何もできないという劣等感が生じます。

青年期とそれ以後の時期

エリクソンは青年期の課題として **自我同一性** の達成を挙げました。自我同一性は ego identity の訳語ですが，単に **アイデンティティ** といわれることもよくあります。自我同一性とはこれが本当の私だ，昨日の私と明日の私，学校での私と家での私，それらはみんな少し違うかもしれないが，そうしたものをとおして変わらない私というものがある，という感覚のことです。青年期になって，自分とは何かを問い直し，自分なりの答えを見つけ出すこと，これがこの段階の課題だというわけです。自我同一性は，青年期を考えるキーワードとして広く受け入れられていますが，これについては後でさらに詳しく考えてみることにします。

若い成人期以降3つの時期はフロイトの発達段階には対応するものがありません。エリクソンは青年期以降の段階としていくつかを区別したのですが，これらは，青年期やそれ以前の時期ほど詳しく述べられてはいません。

同一性が達成された次の段階では，結婚し配偶者と持続的で満足のいく関係を築き上げていくことが重要となります。エリクソンはこの時期に獲得されるべきものとして親密さを挙げています。さらに次の段階は，子どもを産み育てていくことが課題となります。また子どもに限らず，仕事において次の世代に引き継がれていくような何かを生み出す，あるいはそうした人材を育てることが重要となります。最後にいままでの人生を振り返り，その意味を統合することが課題となります。

3　母子のきずな

　先に述べたようにフロイトは，幼児期の経験が後の人格発達に重大な影響をもつと考えました。またエリクソンは，人生の最初の段階において基本的信頼という感覚を養うことが重要だと考えました。幼児期の経験の重要性を示すものとして，ハーローたちのアカゲザルを使った一連の研究を紹介しましょう（Harlow, 1971）。

　彼らの研究では，生まれたばかりのアカゲザルの赤ちゃんを母親から分離して育てました。赤ちゃんのうちのあるものは，針金製の母親の模型にしこまれた哺乳瓶からミルクを飲み，別のサルたちは，針金製の母親模型を布でおおった布製の母親模型からミルクをもらいました。部屋の中に針金製と布製の両方の母親模型を入れ，どちらと過ごす時間が多いかを調べてみると，針金製の母親模型からミルクをもらったサルも布製の母親模型からミルクをもらったサルもどちらのサルも，圧倒的に布製の母親模型と過

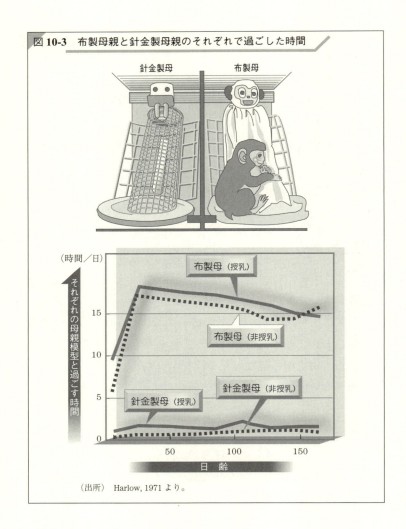

図 10-3 布製母親と針金製母親のそれぞれで過ごした時間

(出所) Harlow, 1971 より。

ごす時間が多いことがわかりました（図 10-3）。

　また赤ちゃんザルのいる部屋に，見慣れない大きな虫のおもちゃを入れると，子ザルは，びっくりして脅え，布製の母親の模

型にしがみつきます。母親の模型を部屋から取り除いてしまうと，子ザルは部屋の隅に縮こまってしまいます。けれども布製の母親模型にしがみつくことを繰り返していた子ザルは，今度はだんだんと自分からこのおもちゃに近づいていこうとするようになります。

　こうした研究から子ザルが「母親」に愛着を示すのは，「母親」がミルクを与えてくれ，自分の空腹を満たしてくれるからではないこと，飢えといった欲求とは別に，「母親」とのあたたかい接触を求める欲求があることがわかります。また見知らぬ巨大なおもちゃのような恐怖を引き起こすような刺激に直面すると，このあたたかい接触を与えてくれた「母親」が自分を守ってくれる安全基地となること，このような安全基地があってはじめて積極的に自分から外に向かっていくことができるようになるのだ，ということが示唆されています。エリクソンは，基本的信頼感の獲得を人間の発達における最初の課題と考えましたが，この子ザルは布製の母親模型にしっかりしがみつくという経験によって「基本的信頼」を獲得してはじめて，見知らぬ対象に自発的に向かっていくという次のステップに進むことができたと考えられるでしょう。

　それではこうした「母性的」なものとのあたたかい信頼関係を経験せずに成長すればどのようになるのでしょうか。生後，親からも仲間からも隔離されて成長したサルは，身体的には正常で成熟しているにもかかわらず，性行動がうまくとれないということが見られるようです。メスの場合オスが近づいて接触すると怯えてしまって，オスをうまく受け入れることができないそうです（図10-4）。またこのようなサルが出産すると，産むとすぐに赤ちゃ

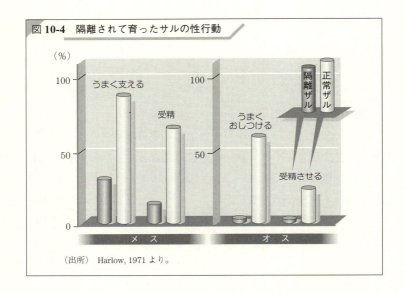

図10-4 隔離されて育ったサルの性行動
(出所) Harlow, 1971より。

んを放り出して逃げてしまうという行動が見られるようです。性行動や母性行動は,「本能的」なもので一定の年齢に達し身体的に成熟すれば, 自然に行われるものだと思われるかもしれませんが, 隔離ザルの場合にはこのような基本的な行動においても問題が生じてくるのです。

　かつてスピッツ (Spitz, 1946) は, 特別な事情により両親と別れて施設で育てられている乳幼児について, たとえ施設の衛生面や栄養面で十分な注意が払われていても, 通常の子どもたちに比較して病気への抵抗力の低下や発達の遅れ, 無感動・無関心など抑鬱的傾向が見られることを報告しました。こうした問題が生じるのは, 保育者の乳幼児へのかかわり方が, 事務的, 禁止的で子どもの欲求にすばやく応答することが少ないこと, またそもそも接触そのものが少なく, 保育者も一定しないことなど, 総じてい

Column ⑳ 愛着のタイプ

エインズワースとベル (Ainsworth & Bell, 1970) は，子どもの養育者への**愛着**を客観的に評価するため，ストレンジ・シチュエーション法と呼ばれるものを開発しました。これは，母親と一緒にいたり，見知らぬ人と母親と3人，母親と別れて見知らぬ人と2人，あるいは1人だけといった8つの一連の場面から構成されるもので，そこでの幼児（通常月齢12カ月）の行動が観察されます。これらの場面での子どもの反応により，愛着の3つのカテゴリーに分類されます (Ainsworth, 1979)。

(1) 安定的愛着（Bタイプ）：養育者がいなくなると悲嘆するが，養育者が戻るとすぐ安心し，養育者に接触を求める。子どもは養育者を安全基地として探索行動を行う。

(2) 回避的愛着（Aタイプ）：養育者がいなくなってもほとんど悲嘆しない。養育者が戻っても接触を避ける。

(3) 抵抗的愛着（Cタイプ）：養育者がいても不安定で，養育者がいなくなると強い悲嘆を示す。養育者が戻ってくると，養育者との接触を求める一方，接触に抵抗を示す。

安定的愛着を示す子どもの養育者は，子どもの欲求に対して敏感に応答し，感情豊かな反応を示す傾向があるようです。また安定的ではない愛着のタイプについては，日本の子どもは抵抗的愛着を示す割合が多いようです（図10-5）。

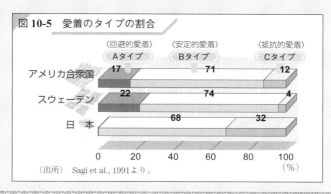

図10-5 愛着のタイプの割合

（出所）Sagi et al., 1991より。

えば保育者との「母性的」な接触が少ないこと（**母性剥奪**）によると考えられてきました。必ずしも母親である必要はありませんし、また母性という言葉はあいまいで誤解されやすいものですが、乳幼児期において応答的な保育者とのあたたかい接触が、人間においても後の人格発達に影響をもつことは否定できないことでしょう。近年日本においても児童虐待の増加が問題となっていますが、幼児期において「母性的」なものとの接触をとおして基本的信頼感を獲得することの重要性をあらためて考えてみる必要があるでしょう。

4 自我同一性

「自分さがし」といったことがいわれたりしますが、青年期には、本当の自分とはいったい何だろう、という疑問が生じ、自分というものを再度みつめなおす作業が行われます。

この同一性の模索が行われるのは、ひとつには思春期に入っていままでの自己のイメージの動揺が起こるからだと考えられます。ずっと見上げていた「大きな」父親を、むしろ見下ろすようになり、力でも負けなくなります。また二次性徴といわれるような身体的な変化、生理が始まったり、ひげが生えてきたりといった変化も起こります。さらに性衝動のような自分自身の内的な欲求にも大きな変動が起こります。こうしたことは小学校時代のそれなりに安定した自己のイメージを覆すことになり、再度新たに自分とは何かを問い直し、自己のイメージを確立する作業を促します。それまでの自己が、親や先生といった人たちの考え、そうした人

たちの振る舞いを真似ることによって形づくられていたとすれば，今度はまわりの人たちの影響をひとまず除いて，自分 1 人で本来の自分とは何か，を考えてみるようになります。青年期の子どもたちは，しばしば反抗的だといわれますが，これは親や大人の人々の影響に彼らが敏感になっており，他人によって形づくられたのではない，本来の自分を求めようとしているからだと考えられます。

　図 10-2 をもう一度見てみましょう。この図が二次元的に，つまり各段階の 2 つの要素が対角線上に斜めに描かれているのは，それぞれの時期の課題が，それまでの段階で達成されたものの積み重ねによって獲得されることを示しているのです。青年期についてみると，対角線上のマス以外に水平方向のマスにやはり 2 つの要素が書き込まれています。たとえば青年期の行の左端には，「時間的展望」対「時間拡散」と書かれています。**時間的展望** とは，過去をふまえ将来を見通したうえで現在を生きるということです。いままで私はこんなことをしてきた，将来はこういう仕事がしたい，それに欠けているのはこういうことだから，いまこれをしている，というわけです。

　将来の見通しがなく，その場その場で刹那的に生きているのは，時間的展望が拡散しているといいます。時間的展望がここに書かれているのは，最初の時期の課題である基本的信頼感が獲得されてはじめて時間的展望が得られるからです。というのも世界に対する基本的な信頼感があってこそ，いまは不快な状態であってもやがてはよくなるはずだと考え，「待つ」ことができるからです。そうして「待つ」ということは将来を見通したうえで現在を生きるということにほかなりません。基本的信頼感は，青年期の課題

Column ㉑ 否定的同一性

　私たちは自分のアイデンティティを確立するとき、社会的に価値のあるものを取り込もうとします。自分の目指す職業にしろ、自分なりの人生観、生き方にしろ、それらは社会的に何かしら認められるようなものである必要があり、そうすることで自らをそれなりに社会的に価値のある存在だと確信することができます。

　ところが、社会的に認められるような価値を自分が実現することはとうてい不可能だと考え、反社会的な生き方を選び、反社会的な集団に属することによって、自らのアイデンティティを確保しようとする場合があります。これを否定的同一性と呼びます。少年の逸脱行動である非行は、同一性という観点から見れば否定的同一性という形で同一性を達成しようとする試みであると見ることができるかもしれません。良い大学に入ってエリートコースを歩むといった社会的に価値があるとされてい

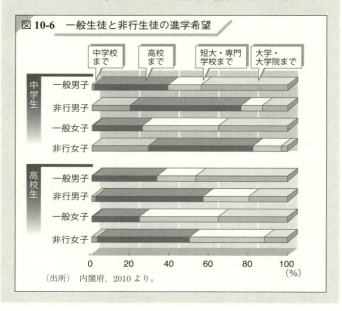

図 10-6　一般生徒と非行生徒の進学希望

（出所）内閣府, 2010 より。

ることは，自分には無縁だ，むしろ万引きや薬物使用など，社会的に許されない行為を行うことで自己確認しようとしているととらえることもできるでしょう。

　一般少年と非行により補導された少年たちについて，その進学希望を比較すると，中学生と高校生，男女を問わず大きな違いが見られます（図10-6）。非行少年に比較して一般少年は高い進学希望をもっています。非行少年たちは，少なくとも学校社会での成功ということについては悲観的であるといえます。また学校での成績を自分で評価したものについて過去の調査と比較してみると，非行少年と一般の少年との間で，その違いがしだいに大きくなっていることがうかがえます（図10-7）。少年たちにとって社会的価値が学校に反映されているとすれば，そうした価値を自分は実現できるのだという認識が低いことが非行少年を特徴づけているといえるでしょう。

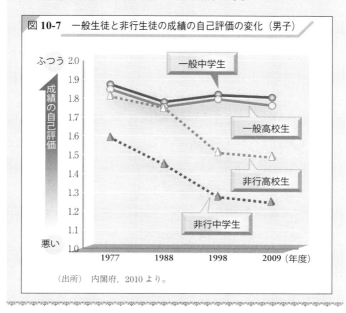

図 10-7　一般生徒と非行生徒の成績の自己評価の変化（男子）

（出所）　内閣府，2010より。

である同一性達成という観点から見ると，その時間的展望という側面を形づくっているといえます。ほかのマスも同様であり，それまでの段階の課題達成の積み重ねとして，青年期の課題である同一性達成を考えることができます。

> **自我同一性地位**

マーシャ（Marcia, 1966）は，自我同一性を実証的に検討するために，面接を行い，自我同一性に関して，4つの状態を区別しました。この4つの状態（**自我同一性地位** と呼ばれています）は，**図10-8**にあるように積極的関与と危機という2つの次元の有無によって区別されます。積極的関与の有無とは，自分自身をそれにかけることができるようなものがはっきりとあるかどうかということ，職業なら自分の生涯の仕事とすべきものが自分なりに決まっているのかどうか，あるいはまた，信仰しないということを含めて自分なりの信仰が確立しているか，支持する政党あるいは政治的信条がはっきりしているのか，といったことです。一方，危機の次元は，自分なりに関与すべきものを見出す過程で，悩みや葛藤に苦しんだかどうかということです。たとえば，まわりからすすめられるままに理科系の大学に進学したが，どうも自分には向いていないように思われてきて悩んだ末に別の学部に転部した，といった場合には，危機があったとみなされます。

図10-8からわかるように，危機を経験したうえで，関与すべきものを見出している状態をマーシャは **同一性達成** としました。関与すべきものを見出しているものの危機的な状況を経験していない場合は，**早期完了** と呼ばれます。親が医者であり，小さいときから医者になることをまわりから期待されていた，自分でも

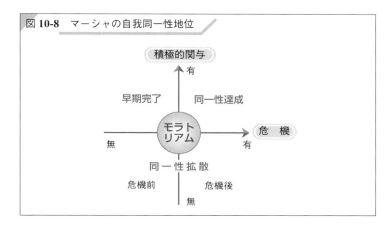

図 10-8 マーシャの自我同一性地位

医者になりたいと考えるようになりそれを目指してがんばっている，医者になることについて疑問を感じたことはない，といった人の場合がこれにあたります。

　図の真ん中，危機と積極的関与の軸が交差する部分は**モラトリアム地位**と呼ばれます。これはいままさに関与すべきものを見出そうとして，危機のさなかにあり，さまざまな活動を行いながら模索中である状態を意味しています。モラトリアムは，支払いを猶予するという意味の経済学上の用語をエリクソンが転用したものです。青年期において同一性を達成するために，自分が本来すべき仕事を見出すべくさまざまな活動を行ってみる，たとえば大学に行きながら語学学校に通ったり，ボランティア活動をしてみたり，あるいは仲間と音楽活動をしたりといったことが行われます。本来成人としてなすべき「働く」ことを一時的に猶予され，その期間を利用して，将来自分の人生をかけるべきものを見出すためさまざまな活動を実験的に行ってみることが許されている状態というわけです。

このようにモラトリアムは，本来は積極的に模索している状態ですが，近年何にも関与しないことを自ら選択し，実験的活動もせず現状に安住しているような状態を指して「モラトリアム」といわれることも多くなっています。このような状態と区別して「古典的モラトリアム」という言葉が使われることもあります。これに対して関与すべきものがない状態は，**同一性拡散**と呼ばれます。危機の有無によって危機前拡散と危機後の拡散に分けることができます。危機前拡散は，関与すべきものを見出していないが，それに関して特に悩みや葛藤を経験していないという状態であり，まだ同一性達成という課題に直面していない未熟な状態であるといえるでしょう。危機後の拡散は，悩みや葛藤を経験しているが関与すべきものを見出せず，しかしながら積極的，主体的に模索しているわけでもない状態です。いったい何をどうしたらいいのかわからず，無気力な状態に陥っていると考えられるでしょう。

　マーシャ（Marcia, 1967）はさらにこれらの地位の特徴を実験的に検討しています（**図10-9**）。実験的に認知的な課題を行う場面で，自分でどの程度できると思うかという要求水準と実際の成績とのずれをみると，早期完了群でこのずれが最も大きく，逆に同一性達成群で最も小さくなっています。早期完了群では実際の自分の成績に比較して，できそうにもない過度に高い水準で自らの力を見積もっているといえそうです。そこで実験者がわざと失敗を経験させると，早期完了群では自尊感情が大きく低下します。また権威に盲目的に追従する傾向についても，早期完了群が強く，達成群で弱くなっています。こうした違いは，早期完了群と同一性達成群との間で最も顕著になっており，同じように関与するものがはっきりしていても，危機的状況を経験したかどうかによっ

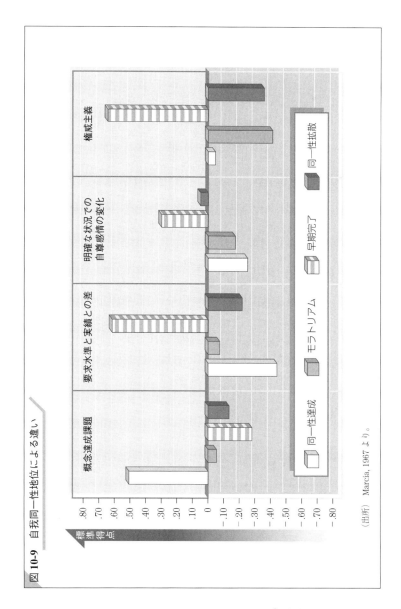

図10-9 自我同一性地位による違い

(出所) Marcia, 1967 より。

て大きく異なっていることがわかります。同一性達成群は「地に足がついている」堅実な感じがあるのに対して、早期完了群には柔軟性にかける硬さのようなものがみられます。こうした違いから、青年期において悩みや葛藤を経験することが、大きな意味をもっているといえるでしょう。

まとめ Summary

人格の発達については、フロイトやエリクソンの発達段階説が広く知られています。フロイトは性衝動の満たされ方という観点から、青年期以前の5つの段階を区別しました。エリクソンはフロイトの考えを下敷きにしながら、より社会的な視点を重視し、新たな発達段階説を提示しました。彼によれば、乳児期においては基本的な信頼感が、また青年期においては自我同一性の獲得が、重要な課題とされています。

フロイトは人格形成における幼児期の重要性を強調しましたが、同様にハーロウは、アカゲザルを母親から隔離して育てることにより、「母性的」な接触の重要性を示しました。またマーシャは、面接法を用いて自我同一性の地位を分類することを試みています。

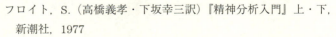

参考図書 Reference

フロイト，S.（高橋義孝・下坂幸三訳）『精神分析入門』上・下，新潮社，1977
● フロイトが自ら自分の考えをわかりやすく要約したもので、フロイトの著作としては読みやすいものです。幼児性欲論のほか、神経症の病因論、治療論も扱っています。

アイゼンク，H. J.（宮内勝ほか訳）『精神分析に別れを告げよう——フロイト帝国の衰退と没落』批評社，1988
　●著者アイゼンクは，学習心理学の知見に基づいて「こころ」の問題の解決を援助しようとする行動療法を体系化した一人です。フロイトの考えは，心理学のみならず多方面で大きな影響を与えましたが，同書は精神分析の考えを要約したうえで，これを批判的に検討しています。

エリクソン，E. H.（中島由恵訳）『アイデンティティ——青年と危機』新曜社，2017
　●アイデンティティ概念を提唱したエリクソンの著書の新しい邦訳です。彼の発達段階説を解説しながら，有名人の伝記から見た創造的な同一性拡散や，病理的な同一性拡散の様相なども詳しく述べられています。

ハーロー，H. F.・メアーズ，C.（梶田正巳・酒井亮爾・中野靖彦訳）『ヒューマン・モデル——サルの学習と愛情』黎明書房，1985
　●親から隔離して育てたサルの研究を行ったハーローの原典です。少し年長の仲間のサルとの接触による，隔離ザルのリハビリテーションについても述べられています。

ボウルビィ, J.（作田勉監訳）『ボウルビィ母子関係入門』星和書店，1981
　●愛着理論を提唱し，母子関係の研究に大きな影響を与えたボウルビィが，自ら行った講演を選んだ講演集で，彼の考えを知るのに好適な書です。

第11章 困難を抱える子どもたち

　教室で急に大きな声を出したり離席したりする子どもがいると，しつけができていないとか，わがままだと考えがちです。多くの子どもたちは，人との交わり方や行動のコントロールの仕方を自然に学び身につけていきますが，発達初期の何らかの障害のためにこうした学習に困難を抱えている子どもたちがいます。この章では，このような困難をもつ子どもたち，発達障害について紹介します。

1 発達障害とは

　近年一般にも **発達障害** という言葉を耳にするようになりました。幼児，児童期から青年期へと発達していく過程で，学業不振や逸脱行動，拒食あるいは過食などといったさまざまな問題が生じますが，こうした発達途上で見られる問題を，すべて発達障害というのではありません。正常な発達をしていたものが，その後の劣悪な養育環境など主に環境的な要因によってさまざまな問題を生じた場合は，通常発達障害とはいいません。一般に何らかの脳の機能不全によって発達の初期から認知・社会的発達などに障害が見られると考えられるものを発達障害といいます。

　障害があることがすぐにはわからなくて，学齢期になってはじめて問題が表面化することもありますが，この場合でも障害そのものは，発達初期の段階からあったのだと考えられます。

　発達障害をもつ子どもたちは，ふつうの子どもがあたりまえのように身につけていく認知的技能や社会的技能を獲得するのに困難を抱えているといえます。その困難のありようはさまざまで，人との社会的関係をもつことに困難を抱えている子もいれば，字を読むことに特別に問題をもつ子もいます。一見すると単に勉強嫌いやいうことをきかないわがままな子どもと思われる場合にも，その背後に発達障害が隠れていることがあります。

> **福祉的視点から**

　日本語の発達障害は，英語では，developmental disabilities と developmental

表 11-1　アメリカ合衆国公法（PL94-103）の発達障害の定義

(a) 発達障害とは精神遅滞，脳性麻痺，てんかん，自閉症，さらに全般的知的機能の障害結果，精神遅滞と同様の機能状態にあり，同様のサービスを必要としているもの，およびこれらの結果から生じた失語症が含まれる。
(b) 18歳以前に生じたもの
(c) 現在も見られ，将来も続くと思われるもの
(d) 一般社会で生活するとき，その人の能力が本質的に不利になるもの

disorders という 2 種類の用語が該当します。前者は福祉的視点から，後者は医学的視点からの発達障害といえます。

developmental disabilities は，アメリカ合衆国のケネディ大統領の福祉政策の中で出てきた用語で，1970 年の公法ではじめて法的に定義されたようですが，後の 1975 年の改訂（PL94-103）では表 11-1 のように定義されています。

知的障害は，一般的な子どもたちと比較して知的な発達に全般的な遅れが見られるものであり，以前からよく知られ，こうした障害をもつ人々を対象とした教育も行われてきました。1975 年アメリカ合衆国公法では，たとえば自閉症のように，一般的な知的障害とは異なっているが，同様に長期的な支援が必要な人たちがいるとして，これらを含めて発達障害と定義しています。つまり，どのようなサービスが社会として必要かという福祉的観点から発達障害が定義されているといえます。

日本においても知的障害については，すでに 1947 年制定の児童福祉法において「この法律で，障害児とは，身体に障害のある児童又は知的障害のある児童をいう」とされていましたが，発達

> **表 11-2　発達障害者支援法（第2条）の発達障害の定義**
>
> この法律において「発達障害」とは，自閉症，アスペルガー症候群その他の広汎性発達障害，学習障害，注意欠陥多動性障害その他これに類する脳機能の障害であってその症状が通常低年齢において発現するものとして政令で定めるものをいう。

障害については，2004年に発達障害者支援法が成立し，その第2条で，**表 11-2** のように障害名を列挙する形で定義されています。

医学的視点から　パニック障害や鬱病など，「こころ」の病気，精神的な障害についてもよく耳にすることがあるでしょう。こうした精神障害にどのようなものがあるのか，それらの障害はどのようなものであるのか，については，米国精神医学会が作成している DSM（精神疾患の診断・統計マニュアル：Diagnostic and Statistical Manual of Mental Disorders）が事実上の世界標準となっています。このマニュアルは何度か改訂され現在は DSM-5 となっていますが（神庭，2014；野村ほか，2015），developmental disorders は，1987年の第3版改訂版（DSM-Ⅲ-R）に記載されています。その診断基準は**表 11-3** のようなものです。認知・言語・運動・社会的技能の獲得に障害があるとしていますが，このような精神的機能の全般的で均一な遅れを「知的障害」，精神的機能において不均一な遅れがあり，それが生活全般にわたっているものを「広汎性発達障害」（自閉症はここに含まれます），そしてある特定の領域においてのみ遅れがあるものを「特異的発達障害」（「学習能力障害」がここに含まれます）とし，

表 11-3 DSM-Ⅲ-R による発達障害の定義

(A) 主な障害が，認知・言語・運動あるいは社会的技能の獲得において存在する。

(B) この障害は，知的障害・特異的発達障害・広汎性発達障害を含む。

(C) 慢性の傾向があり，障害のいくつかの特徴は，安定して成人期以降まで持続する。

図 11-1 通常の学級で学習面や行動面で著しい困難をもっている児童・生徒の割合

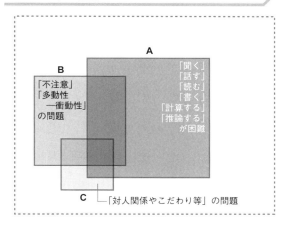

A 「聞く」「話す」「読む」「書く」「計算する」「推論する」に著しい困難を示す：4.5％

B 「不注意」又は「多動性—衝動性」の問題を著しく示す：2.5％

C 「対人関係やこだわり等」の問題を著しく示す：0.8％

AかつB：1.1％
BかつC：0.4％
CかつA：0.3％
AかつBかつC：0.2％

(出所) 文部科学省，2003 より。

これらを包括したものとして「発達障害」を定義したのです。第4版（DSM-Ⅳ）では「発達障害」という概念がなくなり,「注意欠如・多動性障害」と同じように「広汎性発達障害」や「学習障害」などが並列的に扱われることになりましたが,第5版（DSM-5）では,これらは神経発達症群（neurodevelopmental disorders）としてまとめられています。

　文部科学省は2002年に,公立の小中学校教師を対象に調査を行い,通常の学級に通学する児童・生徒のうち知的発達に遅れはないものの,学習面（「聞く」「話す」「読む」「書く」「計算する」「推論する」）や行動面（「不注意」「多動性―衝動性」,あるいは「対人関係やこだわり等」）で著しい困難をもっている者は,6.3%にのぼるとしています（図11-1）。これは医学的診断に基づくものではなく,あくまで教師の評定によるものですが,知的障害ではないが発達障害の特徴をもち,何らかの教育的支援が必要と思われる子どもたちが通常の学級にも相当数在籍していると考えられます

アセスメント　　後にみるようにたとえば学習障害といっても,文字を読むのが苦手な子どももいれば,書くのが苦手な子どももいます。また自閉症といっても,自閉症スペクトラムといわれているように,言葉の遅れがみられない子どももいれば,知的な遅れを伴っている子などさまざまな子どもがいます。子どもへの援助を考える際には,個々の子どもで実際にどのような困難があるのか,あるいは得意な面はなにかを見極める必要がありますが,このような作業はアセスメント（査定）と呼ばれます。アセスメントのための道具としては,知能検査,発達検査,あるいは人格検査などの心理検査があります（第

7章参照)。発達検査は，主に乳幼児を対象に，知能に限らず，運動や社会性なども含め広く子どもの心身の発達の状態を知るための検査で，代表的なものとしては新版K式発達検査があります。検査のほかにも，子どもの行動観察，行動のチェックリスト，子ども本人や保護者，教師への面接などさまざまな方法が用いられます。こうして収集された子どもについての情報をもとに，個々の子どもにあった指導，援助が計画されることになります。

2 主な発達障害

知的障害

知的障害（知的能力障害）は，全般的な知的機能のあきらかな遅れがあり，生活上の適応に問題がある場合です。知的機能のあきらかな遅れがあるとは，標準化された知能検査による知能指数がおよそ平均より標準偏差の2倍以上低い人とされています。適応上の問題は，家庭，学校，職場などにおいて，コミュニケーション，社会参加，自立した生活等の活動に支援が必要であるということです。

平均より2標準偏差以上低い，知能指数（IQ）でいえば70以下という定義は，相対的なものです。知能指数が正規分布すれば，常に2.3%程度の人たちがこの定義に合致することになり，増えも減りもしないことになります。ただ「全般的な知的機能の遅れ」があっても，生活上の問題がないのであれば，「障害」ではありません。

実際知的障害の人口に占める割合は，正規分布から予想されるものより低くおよそ1%程度であると推定されています。また

一般に男児で多く,女児の 1.5 倍であるといわれています(Sadock & Sadock, 2003)。

　知的障害を引き起こしている脳の障害があきらかなもの,あるいはあきらかに推測できるものを病理群といい,脳の障害があきらかではないもの,特性としてそのような知的能力をもって生まれてきたと考えられるものを生理群と呼ぶことがあります。脳の障害を起こす原因はさまざまで,出生前の遺伝的要因(遺伝子の異常や染色体異常),胎児期の環境(母体の病気感染や薬物の影響),出産前後の環境(子どもの脳の酸素欠乏)などが考えられます。原因となる疾患がはっきりしていて,比較的多くみられるものにダウン症があります。大多数のダウン症では,遺伝情報を担っている染色体のうち 21 番染色体が,正常より 1 本多くあります。この異常のために知的な発達の遅れが起こります。この染色体異常は先天的な要因ですが,遺伝したというわけではなく,染色体異常のない両親のもとでおよそ 1000 分の 1 の確率でこのような異常が起こるといわれています。

　また先天的な代謝異常としてフェニルケトン尿症といわれるものがあります。フェニルアラニンは必須アミノ酸であり体内でチロシンに変換されますが,遺伝子異常によって酵素を欠くためこの変換ができないというものです。そのままでは知的発達遅滞を引き起こしますが,低フェニルアラニン食という食事療法をすることによって知的障害を防ぐことができます。遺伝性の疾患であっても適切な環境にすることによって障害を軽くしたり予防することができるわけです。ダウン症をはじめとした知的障害についても,早期から豊富な感覚刺激の経験を与えたり,基本的生活技能をスモールステップ化しその獲得を支援するなど,その障害に

応じた早期からの療育が重要となります。

自閉症

自閉症の概念は，オーストリアの精神科医カナー（Kanner, 1943）による1940年代前半の報告に始まります。カナーは，極端な自閉的孤立，コミュニケーションのために言語が使用されない，同一性保持への強迫的な欲求，ある物への没入や物を巧みに扱うことなどの特徴をもつ子どもたちを「早期幼児自閉症」と呼びました。当初自閉症はまれなものであると考えられていましたが，カナーの症例のように典型的ではなくとも，社会性の発達に問題をもつ子どもたちの存在が知られるようになりました。そこで典型的な自閉症から，典型的ではないものまでを1つの連続体と考え，自閉症スペクトラム障害（あるいは自閉スペクトラム症，Autism Spectrum Disorder）といわれるようになりました。以下ではこの広い意味で自閉症をとらえることにします。自閉症では，コミュニケーションの障害と，行動や興味，対人的活動の限定された反復的な様式がみられるとされています。

対人的コミュニケーションの障害は，目と目が合わない，無表情で微笑むことがなく，大人が近づいても抱かれるのを期待する態度をとらないなどといった形でみられます。人と感情的な交流をもつことが苦手なので，学校でも仲間と遊んだり友達をつくることが難しい状況になります。また自閉症児は，**誤信念課題**（*Column* ㉒）の正答率が低く，他者の意図を推測したりすることが苦手です。

行動面では，いつも決まったやり方に固執する傾向があり，部屋の模様替えや習慣を変えるなどの変化に抵抗を示します。手を

Column 22 誤信念課題

　私たちは，ほかの人にもそれぞれその考えや，欲求がある，つまり「こころ」があると考えています。幼児が人の「こころ」を理解しているかを調べるのに誤信念課題と呼ばれるものがあります。たとえば図 11-2 のように，サリーがいない間にアンがビー玉をバスケットから箱に移すのですが，サリーは戻ってきてからどこを探すでしょうかというものです。サリーは，ビー玉が移されたのを知らないのでもとのバスケットにあるはずだという誤った信念をもち，戻ってからバスケットを探すはずだと考えられます。バロン＝コーエンら（Baron-Cohen, et al., 1985）は，4 歳健常児（27 名），平均 10 歳の知的障害児（ダウン症児 14 名），平均 11 歳の自閉症児（20 名）に対しこの課題を行いました。どの子どもも実際にビー玉がどこにあるかは

図 11-2　サリーとアン課題

（注）　E＝実験者，C＝子ども。
（出所）　Baron-Cohen et al., 1985 より。

> 正しく答えることができましたが、サリーはどこを探すかについて、健常児および知的障害児では、それぞれ85%，80%の子どもが正しくバスケットと答えたのに対し、自閉症児では、精神年齢は知的障害児より高いにもかかわらず、逆に80%の子どもが箱を探すと答えました。この結果から自閉症では、他人の「こころ」を理解することが困難であることが示唆されます。

ひらひらさせるなど同じ動作を繰り返す常同行動もみられます。また興味の面では、たとえばお気に入りのぬいぐるみに強いこだわりをもったり、時刻表、国旗など特定の狭い対象に強い興味を示すといったことがあります。また話し言葉の発達が遅れ、言葉がなかなか出ないことや、相手の言ったことをオウム返しにするなどの独特な話し方などがみられます。会話ができる場合でも、書き言葉のような話し方だったり、友達同士の自然で流暢な会話になりにくいといったことがあります。

　カナーが当初自閉症児の家族に特有の心理構造があると述べたこともあり、養育環境が自閉症の主要な要因であると考えられた時期もありましたが、現在は他の発達障害と同様、生来的あるいは発達初期のなんらかの原因による脳の機能不全によると考えられています。それが他者と交わっていく社会的技能の獲得の面での問題として現れているのが自閉症だといえます。こうした子どもたちは、通常の子どもたちのように親との愛着関係を築き上げることが難しいのですが、安定した愛着をもたないことによって、自閉症が生じているのではなく、彼らのもつ障害のゆえに安定した愛着関係を築くのが難しくなっているのです。

自閉症は知的障害を併せもつことも多いのですが，IQ70以上であって，全体的な知能水準があきらかに平均以下でない場合は，高機能自閉症といわれることがあります。高機能自閉症は，知的水準が高く一見すると障害をもっていることがわかりづらいので，風変わりな子とかわがままな子とみられがちですが，こうした子どもたちもやはり社会性の発達において困難を抱えているということを理解することが大切でしょう。

　カナーは，当初自閉症児は潜在的には良好な認知能力をもつと考えていました。「こだわり」という言葉は，近ごろは肯定的な意味合いでよく使われます。こだわりがあり，何か特定の対象に没頭することも肯定的な面からとらえることもできるでしょう。自閉症の人の中には，優れた記憶力や芸術的能力を示す人たちもいます。

注意欠如・多動性障害

　20世紀前半，衝動的で抑制がきかず落ち着きがなくじっとしていられない子どもたちは多動性症候群（hyperactive syndrome）と呼ばれ，脳炎の後遺症からこのような多動が生じることも知られていました。1960年代には，不器用で学習上の困難があり情緒的にも不安定な子どもたちの背景には，微細な脳機能の障害があると考えられるようになり，脳微細機能不全（minimal brain dysfunction: MBD）といわれました。しかし脳の微細な障害がどのようなものであるか，確定することができなかったこともあって，この概念は使われなくなり，学習面での問題は，学習障害（learning disorders: LD），行動的な面での問題は，注意欠如・多動性障害（あるいは注意欠如・多動症，Attention-Deficit/Hyperactivity Disorder: ADHD）

Column ㉓ ソーシャル・スキル・トレーニング（SST）

　対人的な場面で，社会的に受け入れられる方法で互いに利益になるようやりとりする能力をソーシャル・スキル（社会的技能）といいます。相手の気持ちを思いやったり，友情を育てたり，自分の感情や行動をコントロールする技能で，こうしたソーシャル・スキルは対人的な経験をとおして学習されると考えられます。オペラント条件づけやモデリングなど行動療法的な考え方（第12章2節参照）を基本として，ソーシャル・スキルの学習を促すものとしてソーシャル・スキル・トレーニング（社会的技能訓練：SST）と呼ばれるものがあります。小泉と若杉（2006）は，ADHD の診断を受けてはいないが多動性のため学校生活に支障をきたしている小学校2年生の子どもがいるクラスを対象に，学級単位での集団的な SST を行った事例

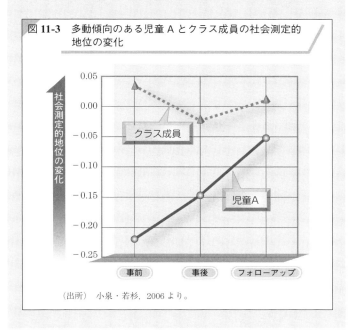

図 11-3　多動傾向のある児童 A とクラス成員の社会測定的地位の変化

（出所）　小泉・若杉，2006 より。

を報告しています。週あたり1時間5回の授業で集団SSTを行っていますが，それぞれのセッション（授業時間）で「あいさつの仕方」「上手な聴き方」「質問の仕方」「仲間の入り方」「あたたかい言葉かけ」を目標のスキルとしています。1回のセッションは教示，モデリング，リハーサル，社会的強化を含むフィードバックで構成されています。また多動性のある対象児童(A)に個別に目標スキルのポイントを伝え，モデル役をさせるなど，個別の指導も実施しました。その結果，対象児童(A)の衝動的な行動はトレーニング後に，大幅に減少し，およそ1カ月後のフォローアップ時にもその効果は維持されました。またソシオメトリットテストによって測定される。クラス内でどの程度成員から受け入れられているのかの指標である社会測定的地位をみても，当初否定的であった級友からの評価も改善し，クラス内での級友関係も良くなったことがわかります（図11-3）。

といわれるようになりました。

　注意欠如・多動性障害は，不注意あるいは多動性―衝動性の症状が6カ月以上持続し，また学校と家庭のように2つ以上の状況でみられるものです。不注意とは，興味があることには没頭しても，勉強など気がのらないことでは，注意を集中し続けることが難しく，課題をやりとげることができないことをいいます。また気が散りやすく，用事をしていても他のことに気をとられて用事を忘れてしまうとか，順序立てて活動するといったことが苦手です。多動性は，じっと座っていられない，落ち着きがなく走り回ったりするなどといったことであり，衝動性は，順番が待てない，相手が話し終える前に話し始めてしまう，などをいいます。注意

欠如・多動性障害では，これらの症状のため学業面や友人関係などの社会生活において問題を生じているのです。

注意欠如・多動性障害では，注意が散漫で忘れ物をしたり，課題を最後まで続けられなかったり，規則に従えなかったりする傾向があるので，親や教師から叱責されやすく，「反抗的」だとみなされたりします。子どもは自分では努力しているのにうまくできず，叱責されるので自分はだめな子だと自己評価が低くなりがちです。学校で要求されることに応えるのが難しいことに加え，自己評価の低さから本来もっている能力を十分発揮できずまわりからも認められないということになります。否定的な自己イメージをもつことからまわりに敵対的となることもあります。

こうした障害から二次的に生じるさまざまな問題が状況をより困難なものにしています。そのため生活面，学業面での課題を細分化し，それを達成し賞賛されるといった経験を積み重ねることによって，有能感をもてるようにするなど，環境を整えることが必要です。注意欠如・多動性障害の症状は，神経伝達物質が関係していると考えられており，症状軽減のために薬物が用いられることもあります。これにより二次的な問題も軽減することが期待されます。また **ソーシャル・スキル・トレーニング** などによって，他者との効果的なかかわり方を積極的に学習していくことも自尊感情を高めるのに役立つと考えられます（*Column* ㉓）。

学習障害

学習障害（LD）は，単に学業不振ということではなく，全般的な知的水準は平均的であるのに，学習上の特定の能力に問題のある場合です。ほかのことは問題がないのに，文字を読むことだけが苦手だとか，文

> **表 11-4　文部科学省「学習障害児に対する指導について(報告)」による学習障害の定義**
>
> 　学習障害とは，基本的には全般的な知的発達に遅れはないが，聞く，話す，読む，書く，計算する又は推論する能力のうち特定のものの習得と使用に著しい困難を示す様々な状態を指すものである。
> 　学習障害は，その原因として，中枢神経系に何らかの機能障害があると推定されるが，視覚障害，聴覚障害，知的障害，情緒障害などの障害や，環境的な要因が直接の原因となるものではない。
>
> (出所)　文部科学省，1999 より。

字を読めるけれども書くのが苦手，算数だと桁をうまくそろえられないなどです。人間の認知過程の基礎的な機能の一部に問題があり，そのために学習上の著しい困難が起こっていると考えられます。学習障害についてのDSMなどの医学的な定義と文部科学省による定義はいくぶん異なっています。文部科学省（1999）は**表11-4**のように定義しています。一方DSMでは，限局性学習症（specific learning disorders）として読字の障害，算数の障害，書字表出の障害をこれに含めています。文部科学省の定義の方がDSMより幅広くなっていますが，このうち聞く，話すに関する障害はDSMではコミュニケーション障害群に含まれます。

　知的障害が知的機能全般の遅れであるのに対して，学習障害は特定の認知機能に限定された問題です。知的機能全般は平均的であるので，まわりから障害があることがわかりにくく，なまけている，まじめにやっていないなどと受け取られてしまうことも多いようです。まわりがこのような態度で接すると，本人は一所懸命やっているのに，みんなができていることが自分にだけできないと，無力感，劣等感を感じやすくなります。

Column ㉔ コンサルテーション

　石隈（1999）は，「コンサルテーションとは異なった専門性や役割を持つ者同士が子どもの問題状況について検討し今後の援助のあり方について話し合うプロセスであり，自らの専門性に基づき他の専門家の子どもへの関わりを援助する者をコンサルト，そして援助を受けるものをコンサルティと呼ぶ」と述べています。

　学校場面で心理的な要因により行動上の問題を抱えている児童・生徒がいる場合，学級担任，児童・生徒本人，スクールカウンセラーの3者が問題解決に関わるというケースが一般的です。このような場合，通常のカウンセリング場面では，教師がスクールカウンセラーに援助依頼をし，スクールカウンセラーが直接に児童・生徒の援助を行うことになります。しかし，コンサルテーションでは，3者の関係が異なってきます。スクールカウンセラーはコンサルタントとして，学級担任はコンサルティとして，クライエントの支援を行います。スクールカウンセラーは，間接的にクライエントを援助することになります。

　中学校障害児学級におけるコンサルテーションによる支援を実施した芦澤・浜谷（2004）の研究を紹介しながら，コンサルテーションの過程とそれぞれの内容について説明することにします。

　コンサルタントは，教育や保育に現場で発達障害児を対象に発達相談に関わってきた発達臨床の専門家が担当しました。コンサルティは，中学校障害児学級の3名の担任教師が担当しました。コンサルテーションの流れは，①改善したい問題状況の存在：担任は生徒が抱える問題解決に向けてコンサルタントに援助を求めた。→②相談ニーズの把握：コンサルタントは，担任教師から依頼書を受け取った。その後，コンサルタントは担任から依頼書の内容を具体的に聞き取り，生徒の状況を推測しつつ，コンサルティの相談ニーズを把握した。→③アセスメントの実施：生徒と生徒を取り巻く環境に関する事前情報を入手し，生徒の実態および学校環境との関わりに関する情報を入

手し，コンサルティと協議（カンファランス）しアセスメントを洗練した。→④問題の把握：最終的に，情報は生徒に関する情報と生徒を取り巻く環境に関する情報とに大別して整理した。→⑤問題解決案の提示：コンサルタントは問題解決のための具体的な方針を立て，報告書にしてコンサルティに提示した。→⑥解決案の実施→コンサルテーションの評価：コンサルテーション終了の1週間後に，コンサルテーションに対するコンサルティの評価について聞き取りを行い，成果の確認をした，という以上のプロセスで実施されました。コンサルテーションはさまざまな障害と症状を持った10名の生徒たち1人ひとりに対して行い，約7カ月を要しました。

　最後に3人の担任教師へ個別面接を行い，コンサルテーションの評価を実施しました。その結果，協議することの有効性，報告書の有効性，検査や観察によって得られた資料の有効性が確認されました。また，生徒理解の支援については「生徒の発達について専門的な視点が加わり，生徒を多角的に捉えることができた」，「報告書によって文字になることで，生徒の状況について整理と確認ができた」，指導面での改善への支援については「指導面で抜けていた面について確認できた」，「自分たちの普段の教育活動を客観的に見る機会となった」，力量形成への支援については「生徒の捉え方や行動の解釈が文章で整理され，今後の参考資料として有効」，心理的安定への支援については「自分の教え方や生徒の見方が間違っていなかったことを確認でき，安心し，自信が持てた」という回答が得られました。コンサルティとしてコンサルテーションに関わった3名の学級担任に多くの気づきや意識の変化をもたらしたことは興味深いことでした。おそらく，コンサルテーション終了後もこの経験が指導に活かされ，結果として持続的に生徒の問題行動の改善に寄与することが期待できます。

学習障害児の抱える困難，どのような認知的能力に問題があるかは，子どもによりさまざまです。読みが苦手な子どもには，分かち書きにして，文節の切れ目に印をつける，1行ずつ読む箇所が見えるスリットを使うなどの工夫をすることで，読みやすくなることもあります。字を書くのが苦手な場合は，筆順に従って書く，線を声に出して言うことが効果的な場合もあります。それぞれの子どもに合った教材を考え，個別の教育を行っていく必要があります。

まとめ　　　　　　　　　　　　　Summary

　発達障害は，立場によりとらえ方に違いがありますが，一般になんらかの脳の機能不全によって発達の初期から認知，社会的発達などに障害が見られると考えられるものをいいます。主な発達障害には，知的障害，自閉症，注意欠如・多動性障害，学習障害があります。知的障害は，精神的機能の全般的で均一な遅れが見られます。自閉症では，特に他者と交わっていく社会的技能の獲得の面で困難があります。衝動的で抑制がきかず落ち着きがなくじっとしていられないなど主に行動面での問題がみられるのが，注意欠如・多動性障害であり，読み，書きなど学習上の特定の能力に問題がみられるものが学習障害です。知的機能の全般的な遅れを伴わない自閉症や注意欠如・多動性障害，学習障害では，障害をもっていることがわかりづらく，親の養育や児童・生徒の性格の問題ととらえられてしまうことがあります。発達障害のある個々の子どもが，どのような障害をもっているかをまず理解し，それぞれの子どもがもつ困難に応じて対応することが求められています。

参考図書

齊藤万比古総編集／宮本信也・田中康男責任編集『発達障害とその周辺の問題』中山書店, 2008

●医学的視点からの発達障害および福祉的視点からの発達障害の概説のほか, 知的障害, 広汎性発達障害, 注意欠如・多動性障害, 学習障害などについて解説されています。さらに行動変容法をはじめとした発達障害への対応, 障害をもつ本人の思いなどがまとめられています。

東條吉邦・大六一志・丹野義彦編『発達障害の臨床心理学』東京大学出版会, 2010

●広汎性発達障害（自閉症スペクトラム）, 注意欠如・多動性障害および学習障害にかかわる理論的研究, 指導, 介入などの実践的研究について, 実証的な臨床心理学的研究の成果がまとめられています。また不登校や非行などと発達障害との関連に関しても述べられています。

第12章 カウンセリングとは

　カウンセリングという言葉はきわめて広い意味で使われますが，限定してとらえると，心理的な問題を抱えた人々に対する援助を意味します。現在の学校は不登校やいじめなどさまざまな問題を抱え，児童・生徒の心理的な問題への援助サービスの必要性が高まっています。この章では，治療的なカウンセリングのいくつかの理論的な考え方を紹介します。

不安，恐怖などの情緒的な問題，拒食などの心理的な要因による行動上の問題を抱え，手助けを求めている人々に対する心理学的援助を **カウンセリング** といい，またその援助を行う人を **カウンセラー** と呼びます。神経症的な問題の治療という側面が強調されるときには **心理療法**（psychotherapy）という言葉も使われ，また心理療法を行う人を **セラピスト** といいます。カウンセリングあるいは心理療法の理論や技法には，さまざまなものがありますが，ここでは代表的なものとしてクライアント中心療法，行動療法，認知療法を取り上げましょう。

　クライアント中心療法はロジャーズが創始したもので，カウンセリングの基本的な考え方として広く受け入れられているものです。行動療法は，第3章に紹介されているような心理学の学習理論に基づいています。不安や恐怖も経験によって条件づけられた反応であるととらえ，新たな経験を組織的に行うことでこの反応（行動）を改善しようとするものです。また，心理学において「認知」が重視されるようになってきたことに伴い，心理療法の分野でも認知療法という考え方が出てきました。認知療法では，人のものの見方（認知）の歪みが不安や恐怖を引き起こすと考えます。したがって，治療的な接近の主なねらいは，その認知の歪みを修正することに向けられます。

1 クライアント中心療法

クライアント中心療法とは

クライアント中心療法は，1940年代にロジャーズによって提唱されたものです。カウンセリングを求めてやってくる人は，何らかの心理的な問題を抱えており，その解決に手助けをしてほしいと考えているわけですが，ロジャーズは，彼らは潜在的に自分で問題を解決していく力をもっているのであり，治療者の役割は，一定の制約はあるもののできるだけ許容的な空間をつくることによって，彼らが自由に自己を表現し，自分で問題を解決していくことを手助けすることにある，と考えました。専門家が指導・助言するという上から下への関係ではなく，問題をもった人の自ら解決し成長する力を信頼しそれを援助するという横の関係を重視しました。そこでカウンセリングに来る人を治療を受ける者としての「患者」ではなく，「**クライアント**」と呼びました。クライアントは法律の相談などでは依頼人，あるいはビジネスでは顧客と訳される言葉です。そうして自らのカウンセリングの立場をクライアント中心的（client centered）と呼びました。一般にカウンセリングというものが専門的な知識に基づく助言・指導であった時代に，こうしたロジャーズの方法は，斬新なものであったようです。

治療的人格（パーソナリティ）変化のための必要十分条件

クライアントの自ら問題を解決していく力を引き出すことができるような許容的な空間とはどういうものでしょうか。ロジャーズ（Rogers, 1957）は「治療的人格変化の必要十分条件」と題する論文でカウンセリングの過程でより建設的な方向で人格（パーソナリティ）が変化するための条件を整理しています。

(1) 2人の人間が心理的な接触（psychological contact）をもっていること。

(2) 一方の人は——この人をクライアントと呼ぶが——，**不一致**（incongruence）の状態にあり，傷つきやすく，不安の状態にある。

(3) 他方の人は——この人をセラピストと呼ぶが——，この関係の中で，**一致**しており（congruent），統合され（integrated）ている。

(4) セラピストは，クライアントに対して**無条件の肯定的配慮**（unconditional positive regard）を経験している。

(5) セラピストは，クライアントの内的照合枠（internal frame of reference）に**共感的理解**（empathic understanding）を経験しており，この経験をクライアントに伝達するように努めている。

(6) セラピストの共感的理解と無条件の肯定的配慮をクライアントに伝達するということが，少なくともある程度達成されている。

第1の条件は，セラピストとクライアントの間に少なくとも何らかの心理的接触が必要であり，建設的な人格変化は，両者の関係の中で起こる，ということを述べたもので，後の条件の前提と

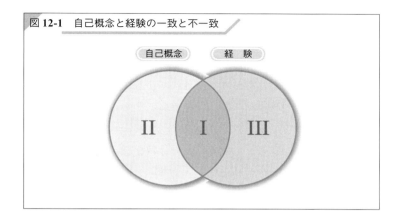

図 12-1 自己概念と経験の一致と不一致

なるものです。

　第2と第3の条件では，クライアントとセラピストを規定しています。クライアントはより不一致で，セラピストはより一致しているというわけですが，何が一致したり不一致だったりするのかというと，自分についての自分自身の考え（自己概念）と実際に自分が直接経験することとです（図 12-1）。

　ロジャーズ（Rogers, 1951）は，母親が夫に捨てられた女性の例を挙げています。私は父を憎んでいる，道徳的にいってもこのような気持ちになるのは当然だ，とこの女性が「考え」ているとすると，これは自己概念です。そのとき実際に彼女が父に対する嫌悪を「経験」したとすると，これは自己概念と一致しています（領域 I）。ところが父親のある側面が好きだという経験をしたとすると，それは自己概念と一致しないのでそのままでは意識されず（領域 III），意識的には，たとえば「私も父に似ているところがたくさんあります。でもそれは恥ずかしいことです」というように自己概念と何とか折り合いがつくように歪んだ形で意識に現

れる（領域Ⅱ）といいます。

　クライアントでは両者のずれが大きく，それが不安や混乱をもたらします。一方セラピストは，相対的にこのずれが小さく，自分自身に対して開かれており，隠されているものがない状態であるといえます。ロジャーズは，純粋であるとか透明である，といった表現も用いています。

　これらの条件は，カウンセリングの目標を意味していると考えることもできます。つまりクライアントは当初不一致な状態にあるわけですが，図12-1の２つの円がより重なった一致した状態になることが，建設的で「治療的」な人格変化であると考えることができます。

　第４の条件は，何の条件もなしにクライアントを尊重し気遣っている，というものです。私たちはとかく自分のいうことをきいてくれるから好きだ，とか，だれそれのこういう点は好きだが，こういうところは嫌いだと考えます。このように〜だから好きだという条件つきの好意ではなく，相手の「良い」ところも「悪い」ところもひっくるめてあるがままの相手の存在に好意をもっているということです。こういうところは良いとか，ここはいけない，という評価的な態度とは逆のものです。ロジャーズは「非所有的な愛情」という言い方もしています。自分自身の欲求を満足させるために，自分の「おもちゃ」を大切にするように，自分の所有物として愛するのではなく，自分とは独立した一個の存在として相手に心を配ることです。

　第５の条件は，クライアントの感じている怒りや不安をクライアント自身のものの見方，感じ方に沿って，あたかも自分自身のものであるかのように正確に感じ取り，しかも同時にその感情に

巻き込まれてしまわない，というものです。共感といっても相手が悲しんでいるとき，自分も一緒になって悲しむということではありません。クライアントの独自で私的な世界をいわば内側から理解することができるように努めるということですが，こうすることによってセラピストはしだいに相手の内的世界を自由に歩きまわることができ，クライアントがほとんど意識していないような意味をも理解できるのだと述べています。

最後の6番目の条件は，セラピストの経験している無条件の肯定的配慮や共感的理解が，少なくともある程度はクライアントに伝わっている必要があるということです。クライアントの側からすれば，自分のことをわかってもらえている，という感じがもてるということでしょう。

必要十分条件のもつ意味

さらにロジャーズは，人格変化の必要十分条件として述べなかったことに，むしろこの理論の特色があるかもしれないとして，以下の点を挙げています。

(1) 個々の問題や症状に対応して，別個の条件が必要であるとは述べていない。
(2) これらの条件はクライアント中心療法に固有で，精神分析やその他さまざまな心理療法にはまた別の条件があるとは述べていない。
(3) 心理療法は特殊な人間関係であり，日常生活に起こる関係とは違った種類のものであるとは述べていない。
(4) 心理学的な専門的知識が要求されるとも述べていない。
(5) 正確な診断が必要であるとも述べていない。

先に挙げた条件だけで十分であり，専門的知識や診断的知識も必要ではない，という主張はある意味で大胆なものです。しかし，これは豊富な専門的知識や診断的知識をもつことは意味がないといっているのではありません。こうした知識をもつことは，相手を共感的に理解するという点で，十分役に立ちうるはずです。ただ，単に知識をもっていれば治療的な変化が起こりうるというのではなく，先の条件は経験によって獲得されるべき性質のものであり，知識や診断を重視することで，むしろ肯定的配慮や共感的理解という基本的態度が妨害されるといったことを問題にしたのだと思われます。

　また(3)にあるように，前記のような条件をそなえた関係は，カウンセリングの場でしか起こりえないものではなく，日常生活において，たとえば友人関係においても起こりうるものであるとしています。カウンセリングは日常的な関係の建設的な性質を強めたものだといえるでしょう。こうした考えから，ロジャーズはクライアントとセラピストという一対一の「治療的」な関係だけではなく，結婚や教育，職場などといった日常的な人間関係の場へとその活動を拡大し，自らの立場を人間中心的（person centered）と称するようになりました。

　(1)(2)では，自己一致，肯定的配慮や共感的理解など，挙げられた条件は，クライアント個々の問題やカウンセリングの流派を超えて，人格変化が起こるのに必要な条件であり，またそこで人格変化が起こっているとすれば，これらの条件が存在しているはずだと主張されています。ロジャーズの挙げた条件は，カウンセリングの「技法」というよりは，むしろセラピストやカウンセラーの理想的態度とでもいうべきもので，実際にどうすればいいのか

Column ㉕ 不登校

　登校拒否あるいは不登校が日本でひとつの社会問題となってすでにかなりの時間が経過していますが，問題は解決されそうにもありません。登校拒否は日本だけの問題というわけではなく，はじめて報告されたのはブロードウィン（Broadwin, 1932）によるものだとされています。彼は，学校を正当な理由なく長期に欠席している子どもの中に，単に勉強が分からなくて学校に行きたくないというのではなく，母親から離れることの不安や学校にいるとその間に母親に不幸がおきるという不安などの神経症的な問題から長期に欠席している事例について記述しました。こうした問題はその後学校恐怖（school phobia）とか，一種の逸脱行動である怠学と区別して登校拒否（school refusal）といわれるようになりました。日本でも1960年ころから「学校恐怖」に関する報告がみられるようになりましたが，教育現場では単にずる休みとみなされることが一般的でした。1970年代になると，こうした心理的な問題を抱えた長期欠席には，多様な形態があることから，精神医学的な学校恐怖という用語に替えて，より行動的な側面を重視した「登校拒否」が広く用いられるようになりました。さらに1980年代以降こうした子どもの数が増加し社会問題となってきた中で，彼らが積極的，意図的に登校を拒否しているわけではないので，より広くあいまいに現象をとらえて「不登校」という言い方がされるようになりました。

　文部科学省では，1998年度以降不登校を「何らかの心理的，情緒的，身体的，あるいは社会的要因・背景により，児童生徒が登校しないあるいはしたくともできない状況にある者（但し，「病気」や「経済的な理由によるものを除く」）」として，その推移を調査しています。それ以前は「学校嫌い」（心理的理由などから登校をきらって長期欠席した者）の児童生徒数が調査されています。**図12-2**は長期欠席の日数を50日以上としたもの，および30日以上としたもの別に不登校児童生徒数の割

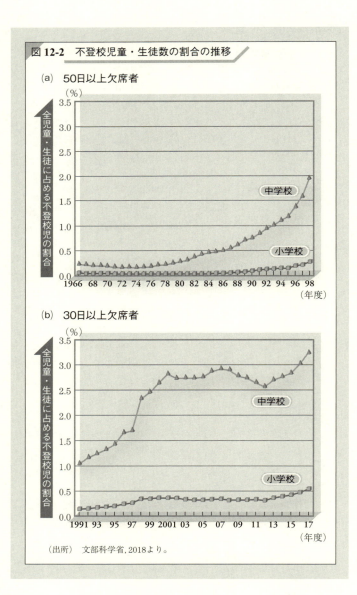

図 12-2 不登校児童・生徒数の割合の推移

(出所) 文部科学省,2018より。

> 合の推移を示したものです。これを中学生（50日以上）についてみると，1970年代にはおよそ0.2％弱で推移していたものが，1980年代後半から増加し，1998年度では約2％となっています。2000年代以降30日以上欠席の不登校生徒数の割合を見ると，およそ2.5％から3％で推移していますが，近年再び増加の傾向がうかがえます。
>
> 1980年代後半の不登校児童生徒数の増大を背景に，その後学校へのスクールカウンセラーの配置事業が展開されるようになり，また学校での教育相談の重要性が強調されるようになりました。2019年度からスタートした新たな教職課程においても，教育相談の方法の一般目標は「教育相談を進める際に必要な基礎的知識（カウンセリングに関する基礎的事柄を含む。）を理解する」とされていますが，到達目標の1つとして「受容・傾聴・共感的理解等のカウンセリングの基礎的な姿勢や技法を理解している」とされており（文部科学省 2017），ここでの「カウンセリング」では来談者中心療法の考え方がその背景となっていると考えられます。

わかりにくい面があります。しかし，具体的な技法ではないために，流派を超えてカウンセラーの基本的な姿勢として広く受け入れられているともいえます。

2　行動療法

行動療法とは

　行動療法とは，学習理論を臨床場面に適用する治療方法のことです。第3章

「ほめることの大切さ」で述べたとおり，問題行動が社会的に望ましくない行動であったとしても，それは学習の結果であると考えられます。したがって，行動療法では，その問題行動を消去したり社会的に望ましい行動を再学習することによって，問題行動は「治療」されると考えられます。第3章で紹介した，アルコール依存症患者の治療や友達と遊べない幼児の行動の改善などは行動療法による治療例なのです

　心理学の歴史の流れの中で，心理学が対象にすべきものは意識ではなく，客観的に観察・測定できる行動を対象にすべきであるという考え方がワトソン（Watson, 1913）によって提起されました。この考え方は多くの研究者に受け入れられました。第3章で紹介したスキナーやパブロフの**学習理論**などは，この考え方によるものです。レバーを押すという行動も，唾液分泌という行動（反応）も，客観的に量的に測定することができるものです。このような学習理論は行動を研究対象にしているということから，**行動理論**とも呼ばれています。行動療法という用語は行動理論を問題行動の治療に適用することから命名されましたが，アイゼンク（Eysenck, 1960）の本が出版されて以降広く使われるようになりました。

　行動療法には，さまざまな技法があります。それは治療者がどの学習理論（行動理論）に準拠して治療するかによって，その方法が異なってくるからです。クライアント中心療法と異なり，クライアントの問題行動に応じてさまざまな技法を使うことが一般的です。本章では，その中から最も代表的な方法である，系統的脱感作法とオペラント条件づけ療法を紹介します。

Column ㉖ 系統的脱感作法による頻尿で悩む高校生の治療

　前田（1985）は，系統的脱感作法によって，授業場面で尿意過頻の症状をもち，毎日のように早退する男子高校生の治療を行っています。表 12-1 は，治療のために作成された不安階層表です。不安の低い場面から高い場面までの 10 場面が想定されました。場面ごとの不安の程度は，表に示されたとおりです。クライアントは，不安反応を制止するリラクゼーションの訓練を受けており，それぞれの場面をイメージして不安を感じると，リラクゼーションの方法で不安を制止しました。それがうまくいくと，次のより困難な場面をイメージするというように進んでいきます。脱感作によって，より困難な課題への不安反応が

表 12-1　クライアントの不安階層表

No.	不安場面	不安度
1	学校が休みの日，外出先（電車・バスの中，友人の家）でじっと座っている。	20
2	登校の途中，自転車に乗っている。	35
3	朝礼で話を聞いている。	40
4	体育館（グランド）で体育の授業を受けている。	40
5	化学実験室で，授業中，実験をしている。	40
6	物理の実験室で，供覧実験を見ている。	60
7	定刻どおりに始まった授業時間に，黒板に答えを書いている。	70
8	定刻より 10 分前に始まった第 5 時間目の数学の授業で，黒板に答えを書いている。	85
9	定刻どおりに始まった授業（第 1 時間目以外）を受けている。	85
10	定刻より 10 分前に始まった第 5 時間目の数学の授業を，座って受けている。	100

（出所）　前田，1985より。

なくなっていく様子が，図12-3からわかります。そして，実際の早退日数がだんだん少なくなり，不安場面5の「化学実験室で，授業中，実験をしている」場面で不安反応が起こらなくなるころには，早退することがなくなりました。治療は不安場面10で不安を感じなくなるまで続きましたが，早退行動そのものは治療開始6週目にはなくなっていました。

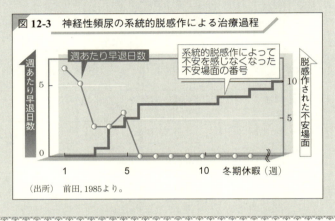

図 12-3　神経性頻尿の系統的脱感作による治療過程

(出所)　前田, 1985より。

| 系統的脱感作法 |

ウォルピ（Wolpe, 1958）は不安を制止する方法として，逆制止の原理と脱感作の原理を組み合わせて，**系統的脱感作法**を考案しました。逆制止とは，試験状況が不安を引き起こすようなとき，自分で深呼吸をするなどしてリラックスすることによって，不安を緩和するというものです。ウォルピは「不安と相容れない反応を不安誘発刺激の存在下に引き起こし，その結果，不安反応を全面的ないし部分的に抑制させた場合，これら刺激と不安の結合は減弱する」と述べています。不安を制止する方法としては，弛緩反

応（いわゆるリラクゼーション），呼吸反応（深呼吸），摂食反応（何かを食べる）などがあります。

次に，脱感作の原理について説明します。たとえば，試験の前日の不安の程度を 20 という数字で表し，より緊張する試験当日の朝の不安を 40 という数字で表すとしましょう。何らかの治療の結果，前日の不安が 0 に下がることが，試験当日の不安を 20 に減少させる効果をもつことになります。このように，刺激に対する敏感さが漸次減少する過程を脱感作といいます。比較的容易な場面での不安を軽減させることによって，より困難な場面での不安も軽減するという原理を利用するのです。

臨床の具体的な手続きは，①患者の不安反応を制止できるリラクゼーション反応を習得させること，②患者に不安反応を引き起こす刺激場面を挙げさせ，不安が弱いものから強いものへ段階的に配列した不安階層表を作成することから始めます。以上の手続き完了後，③不安階層表の各場面を容易なものから順番に患者にイメージさせ，イメージによって引き起こされた不安をリラクゼーションによって制止することを繰り返します。そして，最も強い不安を引き起こしていた刺激場面での不安を制止できれば，治療が終了することになります。*Column* ❷に治療例を紹介しました。この具体的な治療手続きを読めば，理解が進むと思います。

オペラント条件づけ療法

スキナーの **道具的条件づけ** は，**オペラント条件づけ** とも呼ばれています。したがって，オペラント条件づけ療法の理論的な背景は道具的条件づけなのです。第 3 章で紹介した **シェーピング** の考え方は，この方法では特に重要な考え方です（*Column*

図 12-4 継時近接法における下位目標行動の地図

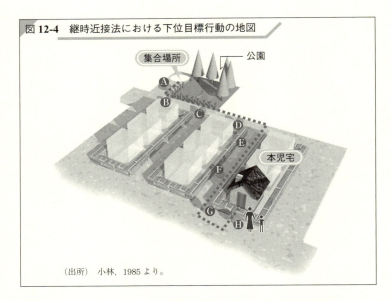

(出所) 小林, 1985 より。

❺)。そこでシェーピングの考え方に基づく継時的接近法を用いた小林ら (1985) の研究を紹介することにします。

小林ら (1985) は，学校に登校できない小学1年生の児童を対象に，以下のような手続きでオペラント条件づけ療法によって行動を変容させています。対象児は，小学校入学後，1学期は問題なく登校していましたが，2学期から登校をしぶるようになってきました。登校の準備の際に，泣いたり，部屋の隅に座り込むようになりました。集団登校の集合場所まで付き添うことによって，なんとか登校を続けている状態でした。登校時，いったん，登校班に入ってしまうと支障なく登校でき，学校でも何の問題もなく過ごすことができました。そこで，治療者は，本児が単独で集合場所まで行けることを目的としました。

シェーピングの考え方に基づいて，自宅から集合場所までの道

のりを図 **12-4** に示すような8段階の下位目標に決めました。段階1では，A地点まで母親が同行しました。それが達成されると第2段階に移り，B地点まで母親が同行しました。それが達成されると次の段階へと進み，最終的にH地点（自宅）から単独行が達成されることになりました。

　シェーピングで学習を成立させるためには，報酬による **強化** が必要です。この事例では，児童が母親と別れて集合場所へ向かう際に，母親から1～3枚のシール（児童にとって価値がある賞品）が与えられ，児童の行動は強化されました。児童の帰宅後，自らが用意した「がんばり表」にシールを貼りました。そのときに，母親は「大変よくできました。この次もがんばりましょう」と言葉によって，児童を強化しました。さらに，シールがたまると，就寝時に母親が添い寝をして，本を読んであげました。シールの獲得量が多いほど，その時間も長くするようにしました。

　相談開始から約9週間後の5回目の面接では，集合場所への単独行が達成されていました。面接終了後4カ月のフォローアップの時点でも，登校をしぶる様子はまったくみられませんでした。

3 認知療法

　心の問題をとらえるとき，クライアント中心療法は，その人がもつ「感情」に焦点を当てました。一方，行動療法は，内面の感情ではなく，外にはっきりと現れている行動を問題にし，行動を修正・改善することに主眼をおきました。これに対して，1970年代になって，人のものの考え方，信念こそが感情や行動の問題

を引き起こすのだという考え方が出てきました。このような考えからすると「治療」は，クライアントの思考パターンや信念を変容させることに力点がおかれることになります。人間の認知に焦点を当てた広い意味での **認知療法** には，エリス（Ellis, 1973）の **論理療法** やベック（Beck, 1976）の認知療法などがあります。認知療法は，クライアント中心療法や行動療法に比較すると新しい立場であり，近年盛んになりつつあります。

エリスの論理療法

問題となる感情や行動は，認知によって引き起こされるという，認知療法の基本的な考え方は，エリスの ABC 図式に要約することができます。彼は就職のための面接を受ける人を例にしてこの図式を説明しています。「就職面接を受ける」ということはひとつの出来事（A：Activatig event）です。この人がこの場面で強い不安や絶望的な気分あるいは自分への憎悪などを感じたとしましょう。これはひとつの結果（C：Consequence）です。エリスによれば，このような望ましくない結果が起こるのは，彼がたとえばこんなことを自分に語りかけているからです。「面接で落とされたら私の人生は真っ暗だ，自分は虫けらも同然だ，この面接は絶対にうまくやらなければいけない」。これはひとつの思い込み（B：Belief）ですが，不合理で非理性的なものです。もう少し論理的，理性的に自分に語りかけることもできます。「面接は好きじゃない，落とされるかもしれないし。でも面接を受けなきゃ，就職できないし。落ちたからって，それで失うものなんてないじゃないか」。このように自分に語りかければ強い不安を経験することはないでしょう。つまりどのような感情が結果（C）としてもたらされるかは，経

験する出来事（A）によって直接決められるのではなく，その人の考え方（B）によるのだといえます。不安や絶望感などの不適切な感情が起こるのは，**不合理な思い込み**をもっているからだということになります。

　エリス（Ellis, 1973）やエリスとハーパー（Ellis & Harper, 1975）は10の不合理な思い込みを列挙していますが，たとえば以下のようなものがあります。

(1) 自分が大切だと思うすべての人から愛され，認められなければならない。
(2) 自分は有能で，すばらしい業績を上げるべきだ。

(1)は人に愛されたいという欲求に関するものですが，だれかに愛されたい，認められたいと考えることは自然なことです。しかしすべての人から愛されるといったことはありえないでしょう。ですからすべての人から愛されなければならないと考えることは，不合理な思い込みです。このような思い込みをもっていれば，ちょっとだれかから冷たくされた，といったことがあるたびに憂鬱で不幸になってしまうでしょう。(2)の思い込みは，自分は有能でなければならないというものですが，こうした思い込みがあると，いつも自分は失敗してしまうのではないか，無能なのではないかという強い不安に襲われることになります。

　エリスは先のABC図式を拡張してABCの後にさらにDEを付け加えています。Dは論駁（Dispute）で，不合理な思い込みに対して徹底的に反駁します。先の就職面接の例でいえば，「面接に落ちたら，なぜそれで人生が真っ暗になるのか。面接に落ちたら，破滅するようなことがあるのだろうか。この仕事に就けないということに，なぜ耐えられないのか。面接に落ちたら自分は虫けら

同然だということの証拠が何かあるのだろうか」といった問いかけが行われ、また自分自身でそのように問いかけ、不合理な思い込みに挑戦することを教えられます。こうしたことを繰り返すことで、たとえば「面接で落ちたから自分は虫けら同然なのではなく、自分で自分を虫けらだと定義するから、虫けら同然であるように感じるだけのことだ」と考えが変わります。これが認知的な効果（E：Effect）です。同時に面接で不安を感じることがずっと少なくなるという行動的効果も得られるといいます。A-B-C がクライアントの問題のありようを示しているとすると、D-E は治療とその効果を示しています。

ベックの認知療法

ベックは心理的な問題をもった人には、思考パターンの歪みがあることを見出し、クライアントが自分のもつ思考パターンの歪み（**認知の歪み**）に気づき、これを修正することを治療の目的としました。一般に見られる認知の歪みとしてフリーマン（Freeman, 1989）が挙げているものから、いくつかを紹介しましょう。

(1) 全か無かの思考：単純に善か悪か、白か黒かの両極端で判断すること。「1位にならなければ、2位であろうとびりであろうと負けたのであって同じことだ」といった考え方です。

(2) 破局的な見方：ちょっとした困難を大変な災難で世界の終わりが来るかのように考えること。ちょっとひっかき傷ができたら、そのため命を落とすような病気に感染したに違いないと考えるなど。

(3) 過度の一般化：一度失敗しただけで、いつも失敗してしまうだろうと勝手に結論づけるなど。

Column ㉗ 選択的抽出の実験的研究

　憂鬱になり悲哀感や絶望感にうちひしがれている抑鬱的な人は，自分自身について「無能でだめな人間だ，成功することはありえない」などの否定的な思い込みをもっています。ベックが主張するように，こうした人々は，自分の思い込みに合った情報を選択的に選び出すのでしょうか。この問題を検討したクローソンとクロムウェル（Crowson & Cromwell, 1995）の簡明な実験を紹介しましょう。

　彼らは，抑鬱的な傾向の強い大学生と抑鬱的ではない大学生を選び出し，否定的なメッセージのテープと肯定的なメッセージのいずれを好んで聞くかを実験的に検討しました。実験では，20分間テープを聞きます。テープは2種類あり，いつでも切り替えて好きな方を聞くことができます。一方は抑鬱的な人が自分によく語りかけるような否定的なメッセージが録音されています。たとえば「自分はだめだ，私は落伍者だ，私は何ごと

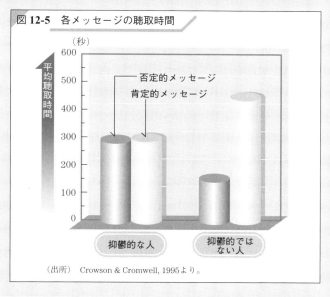

図 12-5　各メッセージの聴取時間

（出所）　Crowson & Cromwell, 1995より。

3　認知療法

> も成し遂げられない」などです。否定的なメッセージはいくぶん悲しげな声で録音されています。もう一方のテープは，肯定的なメッセージ，「私の将来は明るい，人生はエキサイティングだ」などで，やや陽気な声で録音されています。
>
> 　結果は図 **12-5** にあるとおりです。抑鬱的ではない学生は，明らかに肯定的なメッセージを好んで聞いています。これに対して抑鬱的な学生ではどちらも同じくらい聞いています。抑鬱的な学生は，そうでない学生と比較すると自分のもつ自分自身に対する否定的な考えに合った情報をより多く取り込んでいるといえます。
>
> 　実験では音質についても評価させていますが，否定的なメッセージについて，抑鬱的な学生の方が音質を良いと評価しています。こうした結果は，ベックの考え方を支持するものといえます。

(4) 選択的抽出：自分の考えに合ったわずかの事実を選び出し，その他の情報を無視してしまう。自分は無能力だと思い込んでいると，その考えに合った失敗のみを選び出し，うまくいったことを無視してしまうなど(*Column* ㉗)。

(5) 独断的推論：明白な証拠がないのに，否定的な結論を独断的に引き出そうとすること。試験の準備を十分しているのに，落第してしまうに違いないと考えるなど。

(6) 誇大視と極微視：物事を極端に誇張したり，逆に矮小化したりすること。自分の欠点や他人の技能を実際より過大に評価したり，逆に自分の長所や他人の欠点をたいしたことがない，わずかなことだと考えること。

(7) 自己関係づけ：自分とは何の関係もないことを，自分と関

連づけて考えること。急いでいるときに渋滞に巻き込まれたとすると「僕が急いでいるときは，いつもこうだ」と考えるなど。

ベックの治療方法は，クライアントに認知の歪みに気づかせ，クライアントの不安や不適応行動がその歪んだ思考パターンの結果であることを理解させることにあります。エリスの場合もそうですが，実際の臨床場面ではこのような認知的な技法とともに行動療法的な技法も多く取り入れられています。

　カウンセリングとは，心理的な問題を抱え手助けを求めている人々に対する援助活動のことです。治療的な面が強調されるときには心理療法という言葉も使われます。カウンセリングあるいは心理療法の理論的立場には，クライアント中心療法，行動療法，認知療法などがあります。

　クライアント中心療法は，ロジャーズの創始によるものであり，クライアントの自己成長する力への信頼に基礎をおくものです。カウンセラーが自己一致しており，クライアントに対する無条件の肯定的配慮と共感的理解を経験し，それがクライアントに伝われば，クライアントはより自己一致する方向に人格を変化させると考えます。

　行動療法は，学習理論に基礎をおき，条件づけの考え方を問題行動に応用したものです。主な技法として系統的脱感作法やオペラント条件づけ療法などがあります。

　認知療法は，不適応的な感情や行動は，不合理な思い込みや歪んだ認知によるのだと考え，こうした偏った認知を修正することによって問題を解決しようとするものです。

参考図書

カーシェンバウム, H.・ヘンダーソン, V. L. 編（伊東博・村山正治訳）『ロジャーズ選集——カウンセラーなら一度は読んでおきたい厳選33論文』誠信書房, 2001
  ●ロジャーズの著作は1960年代から邦訳されていましたが, 近年一般的なカウンセリングへの関心の高まりもあってか, 新たな邦訳も出版されています。同書もそのひとつ, ロジャーズの論文集の訳で, 著名な治療的人格変化の必要十分条件の論文もおさめられています。

ベック, A. T.（大野裕訳）『認知療法——精神療法の新しい発展』岩崎学術出版社, 1990
  ●認知療法の創始者ベックが最初に書いた体系的な書です。自動思考などの認知療法の基本的な考えを概説したうえで, 抑鬱, 不安神経症, 恐怖症などについて記述しています。

丹野義彦『エビデンス臨床心理学——認知行動理論の最前線』日本評論社, 2001
  ●心理療法においても実証的な根拠（エビデンス）に基づいた治療ということが重視されるようになってきました。現在主流となりつつある認知行動療法の理論的, 実証的根拠について, 認知行動理論の立場からまとめたものです。抑鬱, 不安障害, 精神分裂病(統合失調症)などについて述べられています。

●引用文献一覧

Ainsworth, M. D. S. (1979) Infant: Mother Attachment. *American Psychologist*, **34**, 932-937.

Ainsworth, M. D. S., & Bell, S. M. (1970) Attachment, exploration and separation: Illustrated by the behavior of one-year-olds in a strange situation. *Child Development*, **41**, 49-67.

Ames, C., & Archer, J. (1988) Achievement goals in the classroom: Students' learning strategies and motivation process. *Journal of Educational Psychology*, **80**, 260-267.

Anderson, J. R. (1980) *Cognitive psychology and its implications*. Freeman. 富田達彦ほか訳(1982)『認知心理学概論』誠信書房。

蘭千壽(1980)「学級集団の社会心理学——jigsaw 学習法を中心として」『九州大学教育学部紀要(a 教育心理学部門)』**25**, 25-33。

Aronson, E., Stephan, C., Sikes, J., Blaney, N., & Snapp, M. (1978) *The jigsaw classroom*. Sage Publications. 松山安雄訳(1986)『ジグソー学級』原書房。

Asch, S. E. (1951) Effects of group pressure upon the modification and distortion of judgement. In H. Guetzkow (Ed.) *Groups, leadership and men*. Carnegie Press.

芦澤清音・浜谷直人(2004)「中学校障害児学級への発達臨床コンサルテーションによる支援」『特殊教育学研究』**42**, 133-144。

Atkinson, J. W. (1964) *An introduction to motivation*. Van Nostrand.

Atkinson, J. W., & Litwin, G. H. (1960) Achievement motive and test anxiety conceived as motive to approach success and motive to avoid failure. *Journal of Abnormal and Social Psychology*, **60**, 52-63.

Atkinson, R. L., Atkinson, R. C., Smith, E. E., Bem, D. J., & Nolen-Hoeksema, S. (1996) *Hilgard's introduction to psychology*. 12th ed. Harcourt Brace.

Ausubel, D. P. (1963) *The psychology of meaningful verbal learning*. Grune & Stratton.

東洋(1979)『子どもの能力と教育評価』東京大学出版会。

東洋(1981)「知能テスト論」(伊藤隆二ほか『知能と創造性』講座現代の心理学 4), 小学館。

Azuma, H., & Kashiwagi, K. (1987) Descriptons for an intelligent person: A Japanese study. *Japanese Psychological Research*, **29**, 17-26.

Bandura, A. (1967) Behavioral psychotherapy. *Scientific American*, **216**, 78-86.

Bandura, A. (1977a) Self-efficacy : Toward a unifying theory of behavior change. *Psychological Review,* **84**, 191-215.

Bandura, A. (1977b) *Social learning theory*. Prentice-Hall. 原野広太郎監訳 (1979)『社会的学習理論——人間理解と教育の基礎』金子書房。

Bandura, A. (1997) *Self-efficacy : The exercise of control*. W. H. Freeman.

Bandura, A., & Perloff, B. (1967) Relative efficacy of self-monitored and externally imposed reinforcement systems. *Journal of Personality and Social Psychology*, **7**, 111-116.

Bandura, A., Ross, D., & Ross, S. A. (1961) Transmission of aggression through imitation of aggressive models. *Journal of Abnormal and Social Psychology*, **63**,575-582.

Bandura, A., Ross, D., & Ross, S. A. (1963) Imitation of film-mediated aggressive models. *Journal of Abnormal and Social Psychology*, **66**, 3-11.

Bandura, A. & Schunk, D. H. (1981) Cultivating competence, self-efficacy, and intrinsic interest through proximal self-motivation. *Journal of Personality and Social Psychology*, **41**, 586-598.

Baron-Cohen, S., Leslie, A. M., & Frith, U. (1985) Does the autistic child have a "theory of mind"? *Cognition*, **21**, 37-46.

Beck, A.T. (1976) *Cognitive therapy and the emotional disorders*. International Universities Press. 大野裕訳（1990）『認知療法——精神療法の新しい発展』岩崎学術出版社。

Binet, A., & Simon, Th. (1954) *La mesure du développment de l`intelligence chez les jounes enfants*. Librairie Armand Colin. 大井清吉ほか訳 (1977)『ビネ知能検査法の原典』日本文化科学社。

Blumenfeld, P.C., Soloway, E., Marx, R.W., Krajcik, J.S., Guzdial, M., & Palincsar, A. (1991) Motivating project-based learning: Sustaining the doing, supporting the learning. *Educational Psychologist*, **26**, 369-398.

Bolstad, O. D., & Johnson, S. M. (1972) Self-regulation in the modification of disruptive classroom behavior. *Journal of Applied Behavior Analysis*, **5**, 443-454.

Bower, T. G. R. (1971) The object on the world of the infant. *Scientific American*, **225**, 30-38.

Bransford, J. D., & Johnson, M. K. (1973) Considerations of some problems of comprehension. In W. G. Chase (Ed.) *Visual information processing*. Academic Press.

Broadwin, I. T. (1932) A contribution to the study of truancy. *American Journal of Orthopsychiatry*, **2**, 253-259.

Brophy, J. E., & Good, T. L. (1974) *Teacher-student relationships*. Holt,

Rinehart & Winston. 浜名外喜男・蘭千壽・天根哲治訳（1985）『教師と生徒の人間関係——新しい教育指導の原点』北大路書房。

Brown, A. L. (1984) Knowing when, where, and how to remember: A problem of metacognition. In R. Glaser (Ed.) *Advances in Instructional Psychology.* vol. I. Lawrence Erlbaum. 湯川良三・石田裕久訳（1984）『メタ認知——認知についての知識』サイエンス社。

Bruner, J. S. (1961) The art of discovery. *Harvard Educational Review*, **31**, 21-32.

Butler, R. (1988) Enhancing and undermining intrinsic motivation: The effects of task-involving and ego-involving evaluation on interest, and performance. *British Journal of Educational Psychology*, **58**, 1-14.

Cachapuz, A. F. C., & Maskill, R. (1987) Detecting changes with learning in the organization of knowledge: Use of word association tests to follow the learning of collision theory. *International Journal of Science Education*, **9**, 491-504.

Clement, J. (1982) Students' preconceptions in introductory mechanics. *American Journal of Physics*, **50**, 66-71.

Collins, A. M., & Quillian, M. R. (1969) Retrieval time from semantic memory. *Journal of Verbal Learning and Verbal Behavior*, **8**, 240-247.

Cronbach, L. J. (1957) The two disciplines of scientific psychology. *American Psychologist*, **12**, 671-684.

Crowson, J. J. Jr., & Cromwell, R. L. (1995) Depressed and normal individuals differ both in selection and in perceived tonal quality of positive-negative messages. *Journal of Abnormal Psychology*, **104**, 305-311.

Darke, S. (1988) Effects of anxiety on inferential reasoning task performance. *Journal of Personality and Social Psychology*, **55**, 499-505.

deCharms, R. (1968) *Personal causation: The internal affective determinants of behavior.* Academic Press.

deCharms, R. (1976) *Enhancing motivation: Change in the classroom.* Irvington Publishers. 佐伯胖訳（1980）『やる気を育てる教室——内発的動機づけ理論の実践』金子書房。

Deci, E. L. (1971) Effects of externally mediated rewards on intrinsic motivation. *Journal of Personality and Social Psychology*, **18**, 105-115.

Deci, E. L. (1975) *Intrinsic motivation.* Plenum Press. 安藤延男・石田梅男訳（1980）『内発的動機づけ——実験社会心理学的アプローチ』誠信書房。

Dollard, J., & Miller, N. E. (1950) *Personality and psychotherapy: An analysis in terms of learning, thinking, and culture.* McGraw-Hill. 河合伊六・稲田準子訳（1972）『人格と心理療法』誠信書房。

Dweck, C. S. (1975) The role of expectations and attributions in the alleviation of learned helplessness. *Journal of Personality and Social Psychology*, **31**, 674-685.

Ebbinghaus, H. (1885) *Über das gedächtnis*. Duncker and Humboldt. 宇津木保訳 (1978)『記憶について』誠信書房。

Elliot, E. S., & Dweck, C. S. (1988) Goals: An approach to motivation and achievement. *Journal of Personality and Social Psychology*, **54**, 5-12.

Ellis, A. (1973) *Humanistic psychotherapy: The rational-emotive approach*. Julian Press. 澤田慶輔・橋口英俊訳 (1983)『人間性主義心理療法――RET入門』サイエンス社。

Ellis, A., & Harper, A. (1975) *A new guide to rational living*. Prentice-Hall. 北見芳雄監修, 國分康孝・伊藤順康訳 (1981)『論理療法――自己説得のサイコセラピイ』川島書店。

Erikson, E. H. (1950) *Childhood and society*. Norton. 仁科弥生訳 (1977, 1980)『幼児期と社会』1, 2, みすず書房。

Erikson, E. H. (1968) *Identity: Youth and crisis*. Norton. 岩瀬庸理訳 (1973)『アイデンティティ』金沢文庫。

Eron, L. D. (1963) Relationship of TV viewing habits and aggressive behavior in children. *Journal of Abnormal and Social Psychology*, **67**, 193-196.

Eron, L. D., Huesmann, L. P., Lefkowitz, M. M., & Walder, L. O. (1972) Does television violence cause aggression? *American Psychologist*, **27**, 253-263.

Eysenck, H. J. (Ed.) (1960) *Behaviour therapy and the neuroses*. Pergamon. 異常行動研究会訳 (1965)『行動療法と神経症』誠信書房。

Eysenck, H. J. (1979) *The structure and mesurement of intelligence*. Springer-Verlag.

Eysenck, H. J. (1986) *Decline and fall of the Freudian empire*. Viking. 宮内勝ほか訳 (1989)『精神分析に別れを告げよう』批評社。

Freeman, A. (1989) *The practice of cognitive therapy*. 遊佐安一郎監訳 (1989)『認知療法入門』星和書店。

Freud, S. (1905) *Drei Abhandlungen zur Sexualtheorie*. F. Deuticke. 懸田克躬・吉村博次訳 (1969)『性欲論三篇』フロイト著作集 第5巻, 人文書院。

Freud, S. (1916-17) *Vorlesungen zur Einführung in die Psychoanalyse*. 懸田克躬・高橋義孝訳 (1971)『精神分析入門』フロイト著作集 第1巻, 人文書院。

藤井正人・竹綱誠一郎 (1989)「通常の教室での学習場面における自己調整モデルの検討――判断過程に着目して」*NIIGATA Educational Psychologist*, **6**, 99-103.

Gesell, A. L., & Thompson, H. (1929) Learning and growth in identical infant twins: An experimental study by method of co-twin control. *Genetic Psychological Monograph*, **6**, 1-124.

Guilford, J. P.（1967）*The nature of human intelligence*. McGraw-Hill.

Harlow, H. F.（1971）*Learning to love*. Albion. 浜田寿美男訳（1978）『愛のなりたち』ミネルヴァ書房。

Hess, E. H.（1958）Imprinting in animals. *Scientific American*, **198**, 71-80.

肥田野直（1950）「教育評価」（印東太郎ほか『心理学測定』）金子書房。

樋口一辰（1986）「児童の学習動機と学業達成場面での原因帰属様式」『学習院大学文学部研究年報』**32**，253-272。

樋口一辰・鎌原雅彦・大塚雄作（1983）「児童の学業達成に関する原因帰属モデルの検討」『教育心理学研究』**31**, 18-27。

井上健治（1979）『子どもの発達と環境』東京大学出版会。

石隈利紀（1999）『学校心理学── 教師・スクールカウンセラー・保護者のチームによる心理教育的援助サービス』誠信書房。

板倉聖宣（1966）『未来の科学教育』国土社。

板倉聖宣・上廻昭編（1965）『仮説実験授業入門』明治図書。

梶原康史（1991）「指導要録の意義と改訂の趣旨」（梶原康史編『中学校改訂指導要録の解説と記入例』）明治図書。

神庭重信総編集／神尾陽子編（2014）『DSM-5 を読み解く 1』中山書店。

鎌原雅彦・樋口一辰・清水直治（1982）「Locus of control 尺度の作成と信頼性, 妥当性の検討」『教育心理学研究』**30**, 302-307。

Kanner, L.（1943）Autistic disturbances of affective contact. *Nervous Child*, **2**, 217-250.

北村甫（1952）「子どもの言葉は移住によってどう変わるか」『言語生活』**8**, 15-20。

小林正幸・金子幾之輔・内山喜久雄（1985）「登校しぶり治療への行動論的アプローチの試み」『相談学研究』**17**, 67-72。

小泉令三・若杉大輔（2006）「多動傾向のある児童の社会的スキル教育──個別指導と学級集団指導の組み合わせを用いて」『教育心理学研究』**54**, 546-557。

Lindsay, P. H., & Norman, D. A.（1977）*Human information processing: An introduction to psychology*. 2nd ed. Academic Press. 中溝幸夫ほか訳（1984）『情報処理心理学入門Ⅱ──注意と記憶』サイエンス社。

Lippitt, R., & White, R. K.（1958）An experimental study of leadership and group life. In E. E. Maccoby et al.（Eds.）*Readings in social psychology*. Holt, Rinehart & Winston.

Lorenz, K. Z.（1952）*King Solomon's ring*. Methuen. 日高敏隆訳（1963）『ソロモンの指環』ハヤカワ・ライブラリー。

Luchins, A. S. (1942) Mechanization in problem solving. *Psychological Monographs*, **54** (Whole No. 248).

前田基成 (1985)「神経性頻尿を主因とする登校拒否の脱感作療法」(上里一郎編『登校拒否』) 岩崎学術出版社。

Marcia, J. E. (1966) Development and validation of ego-identity status. *Journal of Personality and Social Psychology*, **3**, 551-558.

Marcia, J. E. (1967) Ego-identity status: Relationship to change in self-esteem, general maladjustment, and authoritarianism. *Journal of Personality*, **35**, 118-133.

Mayer, R. E. (1977) *Thinking and problem solving*. Scott, Foresman and Company. 佐古順彦訳 (1979)『新思考心理学入門』サイエンス社。

松浦善満 (2001)「被害者の人間関係」(森田洋司監修『いじめの国際比較研究——日本・イギリス・オランダ・ノルウェーの調査分析』) 金子書房。

McCall, R. B. (1970) Intelligence quotient pattern over age: Comparisons among siblings and parent-child pairs. *Science*, **170**, 644-648.

Miller, G. A. (1967) *Psychology*. Harper & Row. 戸田壹子・新田倫義訳 (1967)『心理学の認識』白揚社。

Miller, N. E. (1973) Learning theory approach to psychotherapy. (異常行動研究会編『行動病理学シンポジアム』) 誠信書房。

三隅二不二・矢守克也 (1989)「中学校における学級担任教師リーダーシップ行動測定尺度の作成と妥当性に関する研究」『教育心理学研究』**37**, 46-54。

文部科学省 (1999)「学習障害児に対する指導について (報告)」。

文部科学省 (2003)「今後の特別支援教育の在り方について (最終報告)」。

文部科学省 (2017)「教職課程コアカリキュラム」。

文部科学省 (2018)「平成29年度児童生徒の問題行動等生徒指導上の諸問題に関する調査結果について」(文部科学省初等中等教育局児童生徒課)。

Moreno, J. L. (1934) *Who shall survive? : A new approach to the problem of human interrelations*. Beacon House.

内閣府 (2010)「非行原因に関する総合的研究調査 (第4回)」。

Newman, H. H., Freeman, F. N., & Holzinger, K. J. (1937) *Twins : A study of heredity and environment*. University of Chicago Press.

西林克彦 (1988)「面積判断における周長の影響——その実態と原因」『教育心理学研究』**36**, 120-128。

野村総一郎・樋口輝彦 (2015)『標準精神医学 第6版』医学書院。

小川捷之・椎名健 (1982)『心理学パッケージ——不思議な世界・心の世界』ブレーン出版。

大橋正夫・鹿内啓子・林文俊・津村俊充・吉田俊和・平林進・坂西友秀・小

川浩（1981）「中学生の対人関係に関する追跡的研究（4）」『日本心理学会第45回大会発表論文集』771．

Olweus, D.（1993）*Bullying in school: What we know and what we can do*. Oxford Blackwell Publishers. 松井賚夫ほか訳（1995）『いじめ こうすれば防げる——ノルウェーにおける成功例』川島書店．

Pavlov, I. P.（1927）*Conditioned reflexets*. (translated by Anrep, G.V.). Oxford University Press. 林髞訳（1938）『条件反射学』三省堂．

Piaget, J.（1949）*La psychologie de l'intelligence*. 2ᵉ éd. A. Colin. 波多野完治・滝沢武久訳（1967）『知能の心理学』みすず書房．

Piaget, J., & Inhelder, B.（1948）*La représentation de l'espace chez l'enfant*. Presses Universitaires de France. Langdon, F. J., & Lunzer, J. L.（Trs.）（1956）*The child's conception of space*. Routledge & Kegan Paul.

Piaget, J., & Inhelder, B.（1966）*La psychologie de l'enfant*（Collection Que sais je? 396）. Presses Universitaires de France. 波多野完治ほか訳（1969）『新しい児童心理学』白水社．

Portmann, A.（1944）*Biologische Fragmente zu einer Lehre von Menschen*. Benno Schwabe. 高木正孝訳（1961）『人間はどこまで動物か』岩波書店．

Rogers, C. R.（1951）A theory of personality and behavior. In C. R. Rogers, *Client-centered therapy*. Houghton Mifflin. 友田不二男訳（1967）「パーソナリティと行動についての一理論」（伊藤博編訳『パーソナリティ理論』ロージャズ全集 第8巻）岩崎学術出版社．

Rogers, C. R.（1957）The necessary and sufficient conditions of therapeutic personality change. *Journal of Consulting Psychology*, **21**, 95-103. 伊藤博訳（1966）「パーソナリティ変化の必要にして十分な条件」（伊藤博編訳『サイコセラピィの過程』ロージャズ全集 第4巻）岩崎学術出版社．

Rogers, T. B., Kuiper, N. A., & Kirker, W. S.（1977）Self-reference and the encoding of personal information. *Journal of Personality and Social Psychology*, **35**, 677-688.

Rosenthal, R., & Jacobson, L.（1968）*Pygmalion in the classroom: Teacher expectation and pupils' intellectual development*. Holt, Rinehart & Winston.

Rotter, J. B.（1966）Generalized expectancies for internal vs. external control of reinforcement. *Psychological Monographs*, **80**, 1-28.

Sadock, B. J., & Sadock, V. A.（2003）*Kaplan & Sadock's synopsis of psychiatry*: Behavioral sciences/clinical psychiatry. 9th ed. Lippincott Williams & Wilkins. 井上令一・四宮滋子監訳（2004）『カプラン臨床精神医学テキスト——DSM-IV-TR 診断基準の臨床への展開』第2版，メディカル・サイエンス・インターナショナル．

Sagi, A., van IJzendoorn, M. H., & Koren-Karie, N.(1991) Primary appraisal of the strange situation: A cross-cultural analysis of preseparation episodes. *Developmental Psychology*, **27**, 587-596.

Seligman, M. E. P., & Maier, S. F. (1967) Failure to escape traumatic shock. *Journal of Experimental Psychology*, **74**, 1-9.

Siegler, R. S. (1976) Three aspects of cognitive development. *Cognitive Psychology*, **8**, 481-520.

Silberman, M. (1969) Behavior expression of teachers' attitudes toward elementary school students. *Journal of Educational Psychology*, **60**, 402-407.

Skeels, H. M. (1966) Adult status of children with contrasting early life experiences: A follow-up study. *Monographs of the Society for Research in Child Development*, **31** (Whole No.105).

Skinner, B. F. (1938) *The behavior of organisms: An experimental analysis*. Appleton.

Skinner, B. F. (1954) The science of learning and the art of teaching. *Harvard Educational Review*, **24**, 86-97.

Smith, P. K., & Sharp, S. eds. (1994) *School bullying: Insights and perspectives.* Routledge. 守屋慶子・高橋通子監訳(1996)『いじめととりくんだ学校――英国における4年間にわたる実証的研究の成果と展望』ミネルヴァ書房。

Snow, R. E., Tiffin, J., & Seibert, W. F. (1965) Individual differences and instructional film effects. *Journal of Educational Psychology*, **56**, 315-326.

Spitz, R. A. (1946) Anaclitic depression. *The Psychoanalytic Study of the Child,* **2**, 313-342.

Stein, B. S., Bransford, J.D., Franks, J. J., Owings, R. A., Vye N., & McGraw, W.(1982) Differences in the precision of self-generated elaborations. *Journal of Experimental Psychology: General*, **111**, 399-405.

Sternberg, R. J., Conway, B. E., Ketron, J. L., & Bernstein, M. (1981) People's conceptions of intelligence. *Journal of Personality and Social Psychology*, **41**, 37-55.

杉原一昭・海保博之(1986)『事例で学ぶ教育心理学』福村出版。

鈴木康平(1995)「学校におけるいじめ」『教育心理学年報』**34**, 132-142。

竹綱誠一郎(1984)「自己評価反応が漢字学習に及ぼす効果」『教育心理学研究』**32**, 315-319。

田中熊次郎(1957)『児童集団心理学』明治図書(新訂版, 1975)。

Thomas, J. C., Jr. (1974) An analysis of behavior in the hobbits-orcs problem. *Cognitive Psychology*, **6**, 257-269.

Thurstone, L. L. (1938) Primary mental abilities. *Psychometric Monograph*, No. 1.

辻岡美延 (1982)『新性格検査法』日本・心理テスト研究所。

Tulving, E., & Pearlstone, Z. (1966) Availability versus accessibility of information in memory for words. *Journal of Verbal Learning and Verbal Behavior*, **5**, 381–391.

上杉賢士 (2010)『プロジェクト・ベース学習の実践ガイド──「総合的な学習」を支援する教師のスキル』明治図書。

Watson, J. B. (1913) Psychology as the behaviorist views it. *Psyochological Review*, **20**, 158–177.

Watson, J. B., & Raynor, R. (1920) Conditioned emotional reactions. *Journal of Experimental Psychology*, **3**, 1–14.

Weiner, B. (1979) A theory of motivation for some classroom experiences. *Journal of Educational Psychology*, **71**, 3–25.

Weiner, B., Frieze, I., Kukla, A., Read, L., Rest, S., & Rosenbaum, R. M. (1971) Perceiving the causes of success and failure. In E. E. Jones, et al. (Eds.) *Attribution : Perceiving the causes of behavior*. General Learning Press.

Wolpe, J. (1958) *Psychotherapy by reciprocal inhibition*. Stanford University Press. 金久卓也監訳 (1977)『逆制止による心理療法』誠信書房。

吉田甫 (1991)『子どもは数をどのように理解しているのか』新曜社。

Zimbardo, P. G. (1980) *Essentials of psychology and life*. Scott, Foresman. 古畑和孝・平井久監訳 (1983)『現代心理学』サイエンス社。

INDEX 事項索引

アルファベット

ADHD →注意欠如・多動性障害
ATI　141
CAI　139
DSM　250
IQ　→知能指数
ITPA　164
LD　→学習障害
SST　→ソーシャル・スキル・トレーニング
TAT　168
WAIS　164
WISC　164
WPPSI　164
Y-G 性格検査　165

あ 行

愛　着　224, 235
アイデンティティ　→自我同一性
アクティブ・ラーニング　141
アセスメント　252, 263
アルゴリズム　33, 35
いじめ　109, 118-122, 274
　——の定義　120
　——の発生件数　120
維持リハーサル　9
遺　伝　177, 254
意味づけ　13
因子分析　199
インプリンティング　→刷り込み
ウェクスラー式知能検査　164
内田—クレペリン検査　167
エディプスコンプレックス　223, 226
オペラント条件づけ　281

か 行

外的強化　65, 70
外的統制信念　84
カウンセラー　268
カウンセリング　268, 270, 274
学　習　46, 174
　——の敏感期　189
　——のメカニズム　47
　——の臨界期　187
学習障害（LD）　164, 258, 261
学習性無力感　79
学　力　161, 180, 199
家系研究　177
仮説実験授業　131
学級社会的距離尺度　126
学級集団　102, 125
学級雰囲気　110, 115
葛　藤　225, 227
構　え　38
感覚運動期　205, 208
環　境　177, 186, 190, 201, 254
環境閾値説　186, 190
観察学習　63
観察法　162
干　渉　16
記憶のシステム　2
機械的学習　134
危　機　240

301

期待─価値モデル　76
基本的信頼感　228, 233
逆制止　280
客観式テスト　161, 169
逆向干渉　17
ギャング・エイジ　116
教育評価　150, 159
強化　54, 55, 283
強化子　54
共感的理解　270
教師期待効果　105, 106
具体的操作期　211
クライアント　269
クライアント中心療法　269, 273
グループ学習　135
形式的操作期　212
形成的評価　158
系統的脱感作法　279, 280
系列位置効果　5
ゲスフーテスト　125
結果期待　85
原因帰属　88
言語的報酬　54
検索失敗　17
高機能自閉症　257
攻撃行動　60, 62
口唇期　223, 229
行動　46, 278
　──の学習　53, 55
　──の変容　46, 59
行動療法　72, 259, 268, 277
広汎性発達障害　250
肛門期　223, 229
誤概念　27
個人内評価　152
誤信念課題　255, 256
古典的条件づけ　47
　──による学習の成立過程　49
個別学習　137
コミュニケーションの障害　255

コンサルテーション　263, 264

さ　行

作業記憶　7
作業検査法　165, 166
シェーピング　55, 137, 281
自我同一性　230, 238
自我同一性地位　240
時間的展望　237
ジグソー学習法　135
自己一致　270
自己概念　271
自己監視　70
自己強化　64, 69, 160
自己効力　85
自己社会的距離尺度得点　127
自己準拠効果　10
自己中心性　208
自己調整　67
自己反応　67
自己評価　160, 261
自己評価反応　68
質問紙法　163, 165, 168
児童虐待　236
指導要録　153
自発性　230
自閉症　255
自閉スペクトラム症　255
社会的学習理論　64
社会的技能（ソーシャル・スキル）
　248, 259
社会的有能さ　202
自由再生課題　4, 11
習熟目標　97
集団圧力　117
集団規範　116
集団社会的距離尺度得点　127
集団の凝集性　117
受容学習　133, 134

循環反応　208
順向干渉　17
消　去　49, 56
条件刺激　49
条件づけ　49
条件反射　46, 47
条件反応　49
賞　賛　54
賞　罰　64
初頭効果　5, 6
自律性　229
人　格　222
人格変化　270
新近効果　5
診断的評価　158
新版K式発達検査　253
親密さ　231
信頼性　169
心理療法　268
遂行目標　97
随伴性　54
　——認知　85
スキナーボックス　52-54
スクールカウンセラー　263, 277
図　式　204
刷り込み　189
性格検査　165
性器期　226
成　熟　174
性衝動　222, 236
精神遅滞　249
精神年齢　197
精神分析　222
精緻化リハーサル　9
生徒の人間関係　115
青年期　230, 236
生理的早産　191
絶対評価　152
セラピスト　268, 270, 272
セルフハンデキャッピング　93

宣言的知識　22, 23
先行オーガナイザー　136
前操作期　208
潜伏期　226
総括的評価　158
相　関　180
早期完了　240
早期教育　192
相互評価　160
双生児研究法　179
相対評価　152
ソシオグラム　125
ソシオメトリックテスト　122
ソーシャル・スキル・トレーニング
　（SST）　261
素朴概念　27

た　行

代理強化　64
ダウン症　254
脱感作　280
達成動機　76
妥当性　169
短期記憶　2, 4, 6
　——の容量　2, 3
男根期　223
知　識　24, 216
　——の構造化　24
知的障害　249, 250, 253
知　能　183, 196
　——の発達　203
知能指数（IQ）　104, 180, 196, 202, 203, 253
知能テスト（知能検査）　103, 164, 199
チャンク　3
注意欠如・多動性障害（ADHD）　252, 258, 260, 261
長期記憶　2, 4, 6

事項索引　303

調節 204
通知表 159
適性処遇相互作用 141
テスト不安 8
手続き的知識 22, 28
同一性拡散 242
同一性達成 237, 240
動因 53, 54
投影法 165, 167, 168
同化 205
動機づけ 54, 64, 76, 89, 91, 93, 106, 116
道具的条件づけ 52, 55-57, 137, 281
登校拒否（登校しぶり） →不登校
統制感 79
到達度評価 152
同調行動 118
特異的発達障害 250
読字障害 261

な 行

内的―外的統制 84, 86
内的統制信念 84
内発の動機づけ 93, 131
認知スタイル 79
認知的技能 248
認知の歪み 286
認知療法 72, 268, 284
認定評価 152

は 行

バグ 30
罰 57, 160
発見学習 130
発散的思考 201
発達 174
発達障害 248, 252

発達障害者支援法 250
発達段階 174, 226
　エリクソンの―― 174, 227
　ピアジェの―― 174, 205
　フロイトの―― 174, 222
判断過程 67
ピグマリオン効果 →教師期待効果
非行 238
非随伴性認知 80
否定的同一性 238
ビネー式知能検査 164, 183
ヒューリスティクス 35, 38
評価 150
不安 279-281
不安階層表 281
不一致 270
フェニルケトン尿症 254
孵化効果 41
不合理な思い込み 285
物的報酬 54, 68
不適応行動 289
不登校 275, 282
プログラム学習 137
プロジェクト・ベース学習 139, 140
プロダクションルール 28, 30, 213
米国精神医学会 250
偏差値 155
偏差知能指数 198
崩壊的行動 69
忘却 15
忘却曲線 15
報酬 54, 55, 94, 96, 160, 283
　――の情報的側面 96
　――の制御的側面 96
包摂作用 134
母性剝奪 234
保存概念（課題） 208, 211, 218
ホビットとオーク問題 35, 36

ま行

水がめ問題　39
三つ山問題　208, 210
無気力　80, 91, 242
無条件刺激　49
無条件の肯定的配慮　270
メタ認知　41
モデリング　60, 62
物の永続性　205, 206
モラトリアム地位　241
問題解決　32, 38, 130, 202
問題解決学習　139
問題空間　33, 36
問題行動
　　——の治療　51, 279

や行

有意味学習　134

有意味受容学習　136
誘因　54
友人関係　116
友人選択　116

ら行

リーダーのタイプ　108
リハーサル　6
リラクゼーション　281
臨界期　187
劣等感　88, 230, 262
レディネス　176
ロールシャッハテスト　168
論述式テスト　162
論理療法　284

わ行

割引原理　92, 96

●INDEX

人名索引

ア 行

アイゼンク（Eysenck, H. J.） 184, 185, 276
芦澤清音 263
東 洋 143, 200, 203
アーチャー（Archer, J.） 110, 111
アッシュ（Asch, S. E.） 112-114, 118
アトキンソン（Atkinson, J. W.） 76-78
アトキンソン（Atkinson, R. L.） 16
アナスタシー（Anastasi, A.） 184
蘭千壽 136
アロンソン（Aronson, E.） 135
アンダーソン（Anderson, J. R.） 29, 40, 41
石隈利紀 263
板倉聖宣 131, 132
イネルデ（Inhelder, B.） 204
井上健治 131, 132
ウェクスラー（Wechsler, D.） 164
上杉賢士 139, 140
ウォルピ（Wolpe, J.） 280
エインズワース（Ainsworth, M. D. S.） 235
エビングハウス（Ebbinghaus, H.） 15, 18
エームズ（Ames, C.） 110, 111
エリオット（Elliot, E. S.） 98
エリクソン（Erikson, E. H.） 174, 227, 228, 230, 231, 233, 241
エリス（Ellis, A.） 284, 285, 289
エロン（Eron, L. D.） 62, 63
大橋正夫 124
オースベル（Ausubel, D. P.） 135
オルウェウス（Olweus, D.） 118, 119

カ 行

海保博之 126
梶田正巳 131
柏木惠子 203
カチャプス（Cachapuz, A. F. C.） 25
カナー（Kanner, L.） 255, 257
上廻昭 132
神庭重信 250
鎌原雅彦 87
北村甫 190
キリアン（Quillian, M. R.） 23
ギルフォード（Guilford, J. P.） 200, 201
グッド（Good, T. L.） 106, 107
クレメント（Clement, J.） 26, 27
クローソン（Crowson, J. J.） 287
クロムウェル（Cromwell, R. L.） 287
クロンバック（Cronbach, L. J.） 141
ゲゼル（Gesell, A. L.） 174, 176
小泉令三 259
小林正幸 282
コリンズ（Collins, A. M.） 23

サ行

サギ（Sagi, A.） 235
サーストン（Thurstone, L. L.） 199, 200
サドック（Sadock, B. J.） 254
サドック（Sadock, V. A.） 254
ジェイコブソン（Jacobson, L.） 103-105
ジェンセン（Jensen, A. R.） 186, 187, 190
シーグラー（Siegler, R. S.） 213-216
シモン（Simon, T.） 164, 197
シャープ（Sharp, S.） 119
シャンク（Schunk, D. H.） 144, 145
ジョンソン（Johnson, M. K.） 12
ジョンソン（Johnson, S. M.） 69, 71
シルバーマン（Silberman, M.） 107
ジンバルドー（Zimbardo, P. G.） 175
スキナー（Skinner, B. F.） 52, 58, 59, 137, 278, 281
杉原一昭 126
スキールズ（Skeels, H. M.） 202
鈴木康平 118
スタンバーグ（Sternberg, R. J.） 202
スノー（Snow, R. E.） 141, 142
スピッツ（Spitz, R. A.） 234
スミス（Smith, P. K.） 119
セリグマン（Seligman, M. E.） 79, 80, 85

タ行

ダーク（Darke, S.） 8
ダグデール（Dugdale, R. L.） 177, 178
竹綱誠一郎 68, 69, 160
田中熊次郎 116, 117
ダラード（Dollard, J.） 225
タルビング（Tulving, E.） 17
辻岡美延 166
デシ（Deci, E. L） 94-96
デューイ（Dewey, J.） 139
ドゥエック（Dweck, C. S.） 81, 82, 91, 98
ドチャーム（deCharms, R.） 115
トンプソン（Thompson, H.） 174

ナ行

西林克彦 216, 217
ニューマン（Newman, H. H.） 183, 184
ノーマン（Norman, D. A.） 12
野村総一郎 250

ハ行

バウアー（Bower, T. G. R.） 206, 207
バトラー（Butler, R.） 153, 154
ハーパー（Harper, A.） 285
パブロフ（Pavlov, I. P.） 47, 49, 278
浜谷直人 263
パールストン（Pearlstone, Z.） 17
ハーロウ（Harlow, H. F.） 231, 232, 234
パーロフ（Perloff, B.） 65, 66
バロン＝コーエン（Baron-Cohen, S.） 256
バンデュラ（Bandura, A.） 56, 57, 59-61, 64-67, 85, 144, 145
ピアジェ（Piaget, J.） 174, 176, 203-205, 208, 210-213, 219
樋口一辰 89, 90

肥田野直　169
ビネー（Binet, A.）　164, 196-198
藤井正人　68, 69
ブラウン（Brown, A. L.）　43
ブランスフォード（Bransford, J. D.）　12
フリーマン（Freeman, A.）　286
ブルーナー（Bruner, J. S.）　130, 131
ブルーメンフェルト（Blumenfeld, P. C.）　139
フロイト（Freud, S.）　174, 222-227, 229-231
ブロフィー（Brophy, J. E.）　106, 107
ヘス（Hess, E. H.）　187-189
ベック（Beck, A. T.）　284, 286-288
ベル（Bell, S. M.）　235
ボルスタッド（Bolstad, O. D.）　69-71
ポルトマン（Portmann, A.）　191, 192
ホワイト（White, R. K.）　108, 109

マ 行

マイアー（Maier, S. F.）　80
前田基成　278
マーシャ（Marcia, J. E.）　240, 242, 243
マスキル（Maskill, R.）　25
松浦善晴　119
マッコール（McCall, R. B.）　202
三隅二不二　109
ミラー（Miller, G. A.）　11, 225
メイアー（Mayer, R. E.）　37
モレノ（Moreno, J. L.）　122

ヤ 行

矢守克也　109
吉田甫　31

ラ 行

リトウィン（Litwin, G. H.）　77
リピット（Lippitt, R.）　108, 109
リンゼイ（Lindsay, P. H.）　12
ルーチンス（Luchins, A. S.）　39
レイナー（Raynor, R.）　50
ロジャーズ（Rogers, C. R.）　269-274
ロジャーズ（Rogers, T. B.）　10
ローゼンタール（Rosenthal, R.）　103-106
ロッター（Rotter, J. B.）　79, 84
ロレンツ（Lorenz, K. Z.）　187, 189

ワ 行

ワイナー（Weiner, B.）　89, 90
若杉大輔　259
ワトソン（Watson, J. B.）　50, 278

● 著者紹介

鎌原雅彦（かんばら まさひこ）
　　聖学院大学名誉教授

竹綱誠一郎（たけつな せいいちろう）
　　学習院大学名誉教授

やさしい教育心理学〔第5版〕
Introduction to Educational Psychology, 5th ed.

有斐閣アルマ

1999 年 4 月 20 日	初　版第1刷発行
2005 年 4 月 10 日	改訂版第1刷発行
2012 年 3 月 15 日	第3版第1刷発行
2015 年 8 月 30 日	第4版第1刷発行
2019 年 12 月 10 日	第5版第1刷発行
2025 年 1 月 20 日	第5版第7刷発行

著　者　　鎌　原　雅　彦
　　　　　竹　綱　誠一郎

発行者　　江　草　貞　治

発行所　　株式会社　有　斐　閣
　　　　　郵便番号 101-0051
　　　　　東京都千代田区神田神保町 2-17
　　　　　https://www.yuhikaku.co.jp/

組版・田中あゆみ／印刷・株式会社理想社／製本・大口製本印刷株式会社
© 2019, Masahiko Kanbara, Seiichiro Taketsuna. Printed in Japan
落丁・乱丁本はお取替えいたします。
★定価はカバーに表示してあります。

ISBN 978-4-641-22146-8

JCOPY　本書の無断複写(コピー)は、著作権法上での例外を除き、禁じられています。複写される場合は、そのつど事前に(一社)出版者著作権管理機構(電話03-5244-5088, FAX03-5244-5089, e-mail:info@jcopy.or.jp)の許諾を得てください。

本書のコピー，スキャン，デジタル化等の無断複製は著作権法上での例外を除き禁じられています．本書を代行業者等の第三者に依頼してスキャンやデジタル化することは，たとえ個人や家庭内での利用でも著作権法違反です．